成功した 성덕일기

オ・セヨン著　桑畑優香訳

オタク日話

すばる舎

イラストレーション
ぬQ

デザイン協力
潟見陽＋ALFAZBET

ブックデザイン
nimayuma Inc.

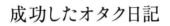
成功したオタク日記

日本のみなさんへ

　映画やドラマで学んだ短い日本語では表せない真心を伝えたくて、つい力をこめてしまう言葉。時にはちょっぴり泣き顔で、時にはにっこり笑顔で言う言葉。映画『成功したオタク』のプロモーションのために東京に滞在していた時に、一番たくさん口にした言葉。それは、「ありがとうございます！」だった。コンビニで買い物をしたり、誰かに道をたずねたりする時にも使う日常的な言葉だから、わたしの映画を楽しんでくださった観客の方たちには、もっと特別な、こみあげる愛情をこめたフレーズで伝えたかったけれど、思うようにはいかなかった。わたしが知っている最高の強調表現である「ほんとうに」をたくさん重ねて「ほんとうにほんとうにありがとうございます！」というのが精いっぱいだった。でも、顔を合わせてあいさつし、一緒に劇場に座って映画を観ながら交わしあった心は、そのまま伝わったと信じている。映画という言語が、わたしたちをつないでくれたから。

　この本は、映画『成功したオタク』についての全記録だ。

収められているのは、映画をつくり、観客たちと出会うなかで書いた日記や、映画に登場する人物のインタビューなど。

　わたしが思うもっとも正直な文章は、日記だ。この日記を書いたのは、すべて夜だった。何ひとつ思い通りにいかず悶々とした夜、後悔で眠れなかった夜、決意に満ちた夜、撮影の計画を立てた夜、ぼんやり過ごした夜、悲しかった夜、そしてごくまれに自分が誇らしく感じた夜。他の人たちが仕事をしている日中には楽しいことがありすぎて、椅子にじっと座っているなんて耐えられなかったけれど、夜になると机の前に座ってペンを取ったり、布団のなかでスマートフォンに文字を打ったりした。過ぎ去ったことを振り返り、反省から始まる文章は、たいてい未来への小さな希望を見出して終わった。失敗ばかりの１日でも、そんなふうに自分を慰めると心が軽くなる。もっとやってみよう。そんな気持ちが湧いてきた。

　映画『成功したオタク』では、すべてがはじめての経験だった。製作費を得るために企画案を書いてプレゼンテーションをしたり、カメラと三脚を担いで撮影に通ったり、ひとつのテーマについて友だちにインタビューしたり、裁

判所に通ったり、数百時間にわたって編集ソフトとにらめっこしたり、夢にまで見た映画祭に招待されたり、観客と一緒に映画について話したり、映画監督としてテレビに出演したり、自分が訪れたことのない遠い場所に映画を送ったり、大きな応援と愛をいただいたり。それから、1冊の本を世に出したり。

『成功したオタク日記』は、正直になろうとする努力の物語だ。気持ちを吐き出してこそ、抱きしめあい、自分を癒せるのだと、映画をつくりながら知った。怒りと失敗の記録となりかけた製作の過程は、友情と連帯によって輝きを得た。こうしたはじめての経験を経て、わたしは愛する力を肯定できるようになった。隠しておきたかった部分まで、見つめ直せるようになった。この本は、数々の困難の末に完成した、深い傷を残した過去の愛を語るわたしのはじめての映画について、隠すことなく語ろうとする試みといえる。

このような日記をみなさんに見せるのは、正直に言うと恥ずかしい。でもこの記録を通して、みなさんにもっと近づけるのであれば、心を少しでも伝えられるのであれば、

喜んで公開したいと思う。『成功したオタク』を観て誰か
を思い出し、苦しくなったり、悲しくなったりしたとして
も、その果てに何かの癒しや勇気を得た方たちであれば、
この本をきっと楽しんで読んでもらえるはず。もちろん、
まだ映画を観る前でも大丈夫。もしこの本のせいで傷つい
た時間を思い出してしまったなら、ごめんなさい。だけど、
本を閉じる瞬間には、その愛に別れを告げて、再び新しい
誰かを好きになれるように願っている。いつかまた誰かを
きらきらした目で見つめられることを。

　傷つかずに誰かを愛することは不可能だけど、深い痛み
を抱えずに済むように。みなさんが、これからもずっと誰
かを愛する喜びを享受できるように、心からエールを送り
たい。そして、もう一度力をこめて、感謝の言葉を。

　ほんとうにありがとうございます‼

2024年春 オ・セヨン

日本語版
あとがきにかえて

※本文中の（　）は著者による注、[　]は訳者による注を表す

第1章
成功した
オタク日記

セヨンのノートより

日記、撮影企画書、メモ。映画をつくりなが
ら、過ぎ去った時間とこれから訪れる時間をさ
まざまな形で記録した。バラバラだった文章
のかけらをひとつにまとめて整理してみた。

撮影計画書

★日時
初公判 2019.07.16 午前10時～
（開廷時間 午後2時10分、終了時間は未定）

★場所
ソウル市瑞草区　ソウル中央地方裁判所
（教大駅3番出口、ソウル中央地裁入り口など）

★内容
性暴力犯罪の処罰などに関する特例法違反（特殊準強姦）などの容疑
で拘束起訴された、チョン・ジュニョン、チェ・ジョンフンの初公判
（併合して進行）

★撮影内容
❶ 裁判所へ向かう列車。闇に包まれた地下の線路に一瞬だけ見える
　輝くものの数々 or 窓の外の風景
❷ 裁判所への道を示す案内板など
❸ 誰もいない、がらんとしたソウル中央地方裁判所の入り口
❹ 時間が経って記者たちが集まり、人であふれる様子
❺ （撮影NGな可能性が高いが）裁判所の前にやってきたチェ・ジョン
　フンとチョン・ジュニョンのファンたち
❻ 裁判所に入るチョン・ジュニョンとチェ・ジョンフン（顔を上手に
　撮るよりは、現場の状況が伝わるように撮影する）
❼ ふたりが裁判所から出てくるまで外で待つ人々
❽ 裁判を終えて出てくるチョン・ジュニョンとチェ・ジョンフンの姿
❾ インサート用の風景
❿ （早く到着して規制がほとんどない状況であれば）裁判所311号の
　入り口

★演出意図（ナレーション案）
16歳のとき以来、久しぶりにあの人に会いに行く……

ある日、オッパが
犯罪者になった

　16歳のとき以来、はじめてあの人に会いに行く。あご
を上げた角度で写真を撮られるのが好きだったあの人は、
もはやカメラの前で顔を上げることができなくなった。あ
の人を撮影していたたくさんの音楽番組やバラエティ番組
のカメラ、大砲［大きなレンズが付いたカメラを意味するスラ
ング］、チッドク［찍덕 推しを撮影するオタクの略語。撮りオタ
のこと］と呼ばれるファンのカメラではなく、報道用のカ
メラだけがあの人をとらえている。

　カメラの前で誰よりも堂々としていたかつての姿は消え、
あの人はこうべを垂れて何度も「申し訳ない」と繰り返す
ばかりだった。ストレートな発言が魅力でたくさんの人か
ら愛されたのに、記者たちが次々と浴びせる質問にはっき
りと答えることもできない。わたしが愛したあの人は、こ
こにはいない。いや、どこにもいない。わたしにとっての
アイドルだった、青春時代の価値観にもっとも大きな影響

を与えた「自由な魂」は、頭をもたげることも、両手を自由に動かすこともできない。「頑張って勉強して、親孝行して。俺は歌う」というメッセージを添えてアルバムにサインしてくれたアーティストは、今は無職。わたしはそんな姿になったあの人を、元推しを、この目でしっかり見たいという思いひとつで裁判所へ向かった。

　裁判所の外の様子だけを撮影して、おとなしく帰るつもりだった。ところが、裁判所の西館のほうで傍聴券を配っているという看板を見つけてしまった。ファンサイン会でも公開放送でもないのに、傍聴券だなんて。わたしが裁判所に着いたのは、午前11時頃。ずっと歩き回ったりタバコを吸ったりしていた。食堂のスタッフたちに今日は誰が来るのか聞かれたので、チョン・ジュニョンが来ると答えたら、「あー、ジュニョンね」と言った。

　あの人のファンのほとんどが女性だった。大げさかもしれないが、彼がそれなりの地位に上りつめることができたのは、女性ファンの熱い推し活の成果といえるだろう。それだけではない。さまざまな音楽番組や授賞式での順位や賞を決める要素として、アプリやサイトでのファンによる投票が大きなウェイトを占めることからもわかるように、エンターテイナーにとってファンダムは、決して無視でき

ないものだ。ところがあの人たちは、女性に対するヘイト
クライムを犯した。さらにまるで何かの系譜を継ぐかのよ
うに、「グループチャット事件」の裁判が始まる前に、性
暴力事件や地下鉄盗撮事件が次々と起きた。裁判所やメデ
ィアは被害者の数を挙げて語るけど、数字の問題ではない。
あの人は、事件のせいで日常生活に大きな支障を来すほど
無限の愛を注いでいたファンにも謝罪すべきだ。あの人は、
一度もファンに「申し訳ない」と言ったことがない。もし
謝罪の言葉を聞いたとしても、残念ながら今となっては
「申し訳ないフリをしてくる」（2016年、チョン・ジュニョン
がグループチャットに書いた内容の一部）という1文を思い出
してしまうだろう。

2度の
リアルタイム検索ワード1位

　あの人の名前がポータルサイトのリアルタイム検索ワード1位になったのを見て、心臓がドキッとした。あのときの気持ちはよく覚えている。人生で2回、2016年と2019年のことだった。(2019年を基準に)3年前のあの日、わたしはあの人が罪を犯したと信じられず、目の前のことに集中できなくなって自習室を飛び出した。ムカついた。オッパはそんな人じゃないのに、まだ何も言っていないのに、どうしてみんなあの人を罵るのか。まだ立場を明らかにしていないのに、どうして犯罪者扱いされなければならないのか。悔しかった。ずっと見つめてきたわたしたちのオッパは、そんな人ではなかったから。

　わたしを心配する友だちはたくさんいたが、共感してくれる人はいなかった。コンサートやサイン会の現場でたびたび一緒になって顔を覚えたウンビンが近くにいると知り、やっと心を打ち明けられる、この悲しみに共感してくれる人がいるんだ、と安心した。だからといって、わたしたち

に何かできるわけではなかった。公式の立場が発表される
のを、じりじりしながら待つばかり。ただ、長く感じる時
間を耐えながら、同じ理由でとてつもない苦痛を感じてい
る人はわたしだけではないという事実だけが慰めだった。
幸い、その日はハッピーエンドだった。記者会見が行われ
てチョン・ジュニョンは自ら嫌疑なしであると語り、それ
にもかかわらず頭を下げて謝った。1日中動揺していた気
持ちが報われる思いだった。あの人は出演中だったバラエ
ティ番組を降板し、はるか遠いフランスに旅に出たけれど、
わたしは平気だった。また戻ってくると知っていたから。
あの人は変わらず、わたしが知っているチョン・ジュニョ
ンのままだった。

　でも、2019年は状況が違った。あの人が公の場で語ら
なくても、いや、言葉なんて必要ないほど明らかな証拠と
ともに、過ちが世に暴露された。ずっとわたしの偶像だっ
たあの人が友人たちと交わしたグループチャットは、口に
するのさえ恥ずかしい内容だった。女性を蔑み、侮辱する
行為に怒りがこみあげ、あの人との楽しかった思い出すべ
てが一瞬にして塵と化した。黒歴史となったわたしの熱い
思い出が、すごく哀れだった。

無題

　時が解決してくれることがある。だからといって、ただ手をこまねいているわけにはいかない。考えてみると、これまでまともに休んだことがない。たとえ1週間でも、無駄に過ごした経験がない。そうすべきだし、そうしなければならないと思っていた。でも、最近友だちがこう言った。「セヨンが消耗してしまいそうで心配だ」。疲れがたまって、本当に愛するものを手放してしまうのではないか怖い、と。実際、わたしは休み方を知らない。心の傷を治すには、どうしたらいいのだろう。ちっとも癒えていないのはわかってる。でも、ずっとその傷を押し隠して、見ないフリをしながら、どうにか映画の製作をつづけている。当然、スピードが遅くなる。だけどつづけなきゃと思う。わたしがこうなった理由はわかっている。原因が消えたとしても、すでにできた傷はなくならない。時が経てば、少しはよくなるのだろうか。休学したのは正しかったのか。わたしはいつまで苦しむのか。先が見えない苦しみを相殺す

るに値する補償が与えられる機会があるのだろうか。そんな補償は誰が与えてくれるのか。与えられるのは、自分自身。だからわたしは休めないのだろう。

グッズの葬式

「グループチャット事件」が報道されてから6か月が過ぎた。本棚の一角にぎっしりと並ぶグッズの数々をゴミだと見なしながらも、簡単には捨てられなかった。なぜだろう。わたしたちが集めたのは、ただの雑誌、アルバム、サイン、カレンダー、ステッカーではなかった。こうしたグッズを処分するのは、単に「これ以上役に立たないものを捨てる」という行為以上の意味をもつ。集めたときの心、時間、必死で一生懸命だったたくさんの思い出がつまった人生の一部分をまるごと葬ってしまうようなものだ。もはや見せびらかすわけにもいかず、もう取り出すこともたぶんないだろうけど、それでも捨てられなかった。捨てたとしても、あの時代の記憶が消えるわけでもない。でも、処分するのは本当に難しかった。グッズを一つひとつ眺めていると、再びあの頃に戻ったような気がする。そして同時に罪悪感を抱く。妙な感情だ。誰かを熱く推した時期を思い出すだけで、なぜ罪悪感を覚えなければならないのか。

愛した人を恨まなければならないわたしたちが、あの頃を
懐かしむことさえも慎重にならざるをえないわたしたちが、
本当に不憫だ。痛ましい。

見慣れた風景

　ファンダムが日常に溶けこみ、当たり前に存在しているのを感じる。どこに行っても目にする芸能人の誕生日広告、商品よりも大きくアイドルの顔がデザインされた広告、行列ができる芸能人（または親）が経営するカフェやレストラン、推しのスケジュールを追いかけて天体望遠鏡のように巨大なカメラで撮影するマスター［SNS時代以前に自作のホームページで活動していたアイドルファンがいた。韓国語で「ホームページマスター」を略した「ホムマ」「マスター」と呼ばれ、現在はカメラを手に芸能人を追いかけながら動画と写真を撮るファンのことを意味する］と、マスターが開催する写真展など。コンサートのチケットが発売される日には、韓国最大の予約サイトのサーバーがダウンし、ファンが高尺スカイドームを埋めつくして会場周辺の交通が麻痺することもある。スターの名前で巨額の寄付をするだけでなく、森や道をプレゼントしたり、さらには空の星まで贈ったりしたことも［BTSのメンバーVの誕生日に、あるファンサイトがVの名前で

彗星の土地1エーカーを購入。別のファンサイトのファンは山羊座の星をVに関連した名前で登録した]。江南(カンナム)のど真ん中には、ある事務所のアイドルの関連グッズを販売する巨大な店舗があり、毎日多くのファンが聖地として訪れる。生放送や公開放送を行う音楽番組も大人気だ。推し活は、もはや日常と化している。誰かに心を奪われて推し活に熱中した経験がないとしても、日々の生活のなかでファンダム文化の影響を誰もが受けているはずだ。誰もが何かに夢中になっている。

2020年の選択

　新年には、特別な意味を見出したい気持ちになる。個人的な悪い出来事をすべて振り払って立ち上がったのが、ちょうど1年前の1月1日でもあり、今年は製作中の映画にとって大きな転換点でもあるからだ。転換点だからこそ今年中に完成させたいという欲が湧くのが、滑稽でもある。欲を捨てろ、セヨン。でも、それはすごく難しく、なかなかうまくいかない。

　3年以上使っていたスマートフォンを新調し、ヘッドホンも3万ウォンのSONY製から30万ウォン以上するBeatsのものに変えた。333……。だったら、今年は3000万ウォンの製作支援金をもらいたい（後で本当にもらえた）。映画をつくるには、お金が本当にたくさんかかる。そう実感するたびに無力感に襲われ、お金もないのに映画を撮ろうとしている自分が未熟に思える。大金を手にしても、同じだけのお金が飛んでいく。1本の映画を製作するためにど

れだけのお金が必要かわかると、ひたすらお金に執着するようになる。貧乏だったりケチだったりするわけではないけれど、ただただお金がたくさんあればいいのにと思う。お金のことを考えてばかりいる。だからといって、超現実的な俗物になったわけではない。わたしは、まだまだ未熟者。だから、こんな調子なのだ。

　映画を撮りたいけれどお金がないので、製作支援に頼りつづけることになる。韓国の長編ドキュメンタリー製作支援システムはかなり整っていて、わたしもある程度の恩恵を受けた。でも、手続きや提出する資料などが毎回違うため、作品に集中すべきなのに、申請のための企画案やトレーラーの製作に時間を取られてしまうのが残念だ。一緒に映画づくりをしている人がいる時期でも、申請の準備はほぼひとりでやってきたが、最近は妙な閉塞感を感じている。たいした進歩もないのにひとりで試行錯誤する意味があるのかと悩み、製作支援に申し込むたびに不安や自分に対する疑念に押しつぶされそうになる。支援対象者のリストに自分の名前が載っていないのを知ると、とても悔しい。わたしやこの作品が良い評価を受けるのが当然だとは思っていないけど、それでもすごく悲しくなる。

　とにかく製作支援なしでは映画を撮れないが、その一方

で製作支援が邪魔になる気もする。選択しなきゃ。お金の苦労をつづけながら作品に集中して映画をつくるのか、手続きが複雑で時間がかかるけれど支援金をもらうのか。でもある意味、選択の余地がない。実際のところ、お金がないのに作品に集中するのは不可能だ。機材を借りるお金がなければ、製作に集中できない。アルバイトを雇うお金がなければ、撮影すらできなくなってしまうだろう。プロデューサーがいないので、わたしがすべての手続きや会計を同時進行でこなさなければならず、支援金を受けるのが難しいのが現実だ。だからといってプロデューサーを雇うなら息の合う人を探さなければならないし、プロに見合う人件費を負担できる自信がない。わたしひとりでやりくりして、乗り越えたい。それに、やってみると監督よりもプロデューサーの仕事のほうが合っている気もする。大変だけど。

　映画を上手に撮れるようになりたい。特にこの作品を良いものにしたい。大きな欲望を抱けば、努力と情熱はついてくる。でも、才能と実力が伴わなかったら……。それでも、ひたすら一生懸命挑みたい。難しいけれど。

片思いのように

　いろいろな理由で、しばらく撮影を休んでいた。休んで
いるという感覚はなかったが、とにかくかなり長いあいだ
カメラを手に取らなかった。わけもなく緊張する。そのせ
いか、お腹が痛い。明日の朝にはすっかり良くなっている
といいけど。

　アイディアは次々と浮かぶものの、それをどうやって組
み立てるかが問題だ。何をカットし、何を盛りこむべきか。
これでいいのか、ああしてはいけないのか。頭が爆発しそ
うで、今すぐにでもやめて逃げ出したい。でも、撮影は面
白いし、編集をしているときもひとりでクスクス笑ってい
る。トレーラーのような短い動画を誰かに見せてフィード
バックをもらうのも楽しい。

　やめられない片思いのように、映画相手のひとり相撲に
負けて、ごねて。映画をつくるのは本当に難しくて、愚痴
りたくなる。今すぐにでも、大声で叫びたい。あ！ でも、

大変だからこそ、やりたくなるのだ。これからも映画をつくりつづけられたらいいな。そして、いま製作中の作品を良い形で完成させて世に出したい。

描<ruby>か</ruby>いてつくる資格

　Aという映画をつくった監督に対し、「自分が体験したこともないストーリーを想像のみで描いた欺<ruby>ぎ</ruby><ruby>まん</ruby>瞞に満ちた人」だと批判する人がいた。Bという映画について、「女性の物語を男性的な視点で語っているのが良くない」という人がいた。こうした言葉にうなずきながら考えた。

　Aのような作品をつくらないためには、自分が経験した話を映画にしなければならないのだろうか。でも、経験できないことを描く場合は、どうすればいいのだろう。いろいろな人に会って取材し、本や映画でリサーチすれば、すべて解決するのだろうか。一生懸命努力したのにうまくいかなかったら？　あるいは、想像に頼るしかないストーリーだったら？　そんな映画はつくってはいけないのだろうか。そんなはずはない。

　Bのような映画をつくらないためには、どうすればいい

だろう。もし、女性であるわたしが、男性を主人公にした映画をつくりたくなったら？　あるいは、身近にいて観察できる男性たちとはまったく異なる男性の物語を描きたいと思ったら？　本当にどうすればいいのか。完全にわたしの想像のなかに存在する男性のストーリーを描こうとするなら？

　ある意味、ごくシンプルで大したことない問題だ。結局、映画は虚構だから、できないことなんてない。つまり、何でもできるというわけだ。ところが、不思議なことに、こんな悩みに陥ってしまう。テーマや内容だけでなく、つくる姿勢がとても重要だから。テーマをどのように扱うか、それがすべてだと思うのだ。

　わたしという人間は、何を語ることができるのか。映画を描いてつくるのに前提条件があるわけではないが、ひたすら考えさせられる。誰も傷つけず、誰にも欺瞞だと言われない映画。全力で、丁寧に取り組めばいいだけだけなのに、こんなことで悩むなんて。バカなオ・セヨン。

自己紹介書

　去年の夏の終わりに、ある人がわたしに言った。

「監督の映画はすごく面白そうだけど、ちょっと心配です。監督は長編映画を撮ったことがありませんよね。プレゼンテーション用のトレーラーをうまくつくるのと、2時間の作品のリズムを生み出すのは、少し違うんです。で、監督は何歳ですか？」

「20歳です。ハハ……」

「え？ すごく若いんだね。まだ大学も卒業してないですよね。そうでしょ？」

「3学期しか通ってません。ハハハ」

「ですよね。長編映画の指揮を執ること自体が、プレッシャーになるかもしれません。もう少し勉強してから長編にチャレンジするか、いろいろな作品でキャリアを積んだほうがいいんじゃないかな。 まだ若いから。こんなことを言うのは、セヨン監督はとてもいい人で、『成功したオタク』もすごくいいプロジェクトだと思っているからなんで

す。どういう意味か、わかりますよね？」

　秋と冬が過ぎたが、大きく変わったことはあまりない。入試対策の家庭教師のアルバイトをいくつか追加し、映画を数十本観て、感心したり愚痴りながら（監督の才能に）嫉妬したり。中国語の勉強をはじめ（2日でやめた）、仕事部屋を探し、ひとりでも戸惑うことなく撮影をつづけている。炭水化物を制限するケトジェニックダイエットにトライして、失敗した。

　あいかわらず長編映画ははじめてだし、キャリアとしてフィルモグラフィーに書ける作品も特にない。あれから1年が経ったけれど、映画をひとりで引っ張っていくのはあいかわらず簡単ではない。でも、映画をつくる仕事は「経験者優遇」ではないので、くじけず堂々としていたい。この作品が、未来のわたしにとって貴重な「前作」になると信じている。20代前半のオ・セヨンだけができる話をしたい。映画づくりを切り盛りするのは、誰にとってもたやすいことではない。だからこそ面白いと感じるし、あきらめたくない。

ある人は「世の中の怖さを知らない無邪気なわたし」を哀れに思い、ある人は「若くて未熟なわたし」を露骨に無視する。またある人は、「頑張るわたし」を応援したり心配したりし、「賢いから必ず成功するであろうわたし」をほめちぎる。そして、みんなが口をそろえて言うように、わたしは映画を心から愛している。映画をつくる仕事、映画を学ぶ人生が大好きだ。

　とことん悩み、カメラを手にし、カットをつなぐすべての過程が貴重で愛おしい。永遠に終わらないでほしい。わたしにできるのは、完成した作品で証明するのみだけど、歯を食いしばっていた時期がはるか遠くに感じられるほど、今この瞬間を楽しんでいる。真心がみすぼらしいものにならないように、映画の誇らしいファンでありつづけることができるように、全力で取り組んでいる。『成功したオタク』が、わたしが映画界の「成功したオタク」になる最初の1歩になることを願いながら。

無題２

　何ごともなかったかのようにあの人を推しつづける人を
見ると、怖くなる。被害者がいるのは明らかで、性犯罪者
であるにもかかわらず、なぜ哀れに思い「あの人に会いた
い」と推せるのか。どうして「気の毒だ」と加害者の肩を
もつのか。そう言いたいなら、日記にでも書けばいいのに。
まだ未練を捨てられない人たちは、ネットの掲示板でおた
がいに「大丈夫」と声をかけ合い、臭いものにふたをして
見て見ぬフリをしているのだろう。わたしはもう、写真す
ら見たくない。歌を聴くのもありえない。

すり減る感情

　映画をつくればつくるほど、どんどん感情がすり減って
いく。

　心を扱う映画だからある意味当然かもしれない。『成功
したオタク』は自分と切り離せない作品だから、なおさら
だ。「推し活」というキーワードに敏感に反応し、裁判に
ついてのニュースが流れるたびに素早く情報を入手する。
終わりの見えないこの状況で、ずっと耳をそばだて、鋭い
感覚を保ちつづけられるだろうか。放り出して逃げたいわ
けではない。今つくっている映画と自分の生活が密着しす
ぎているのだ。こんな状態にもかかわらず新しい人を推す
ようになったわたし自身が妙に恥ずかしく、自分をよく理
解できない。しきりに感情的に映画に向き合うようになる。
難しい。

罪なき罪悪感

『成功したオタク』という映画の企画書を書きはじめたのは2019年5月だから、ほぼ1年が経った。いろいろなことがあり、20回近く撮影をしたが、まだ撮影すべきものも、解決されていない悩みもたくさんある。

この1年のあいだに、「n番部屋事件」が表面化した。チョン・ジュニョンは性売買斡旋の容疑でも罰金100万ウォンの略式命令を受けた。100万ウォン。最近わたしは家庭教師をして毎月250万ウォンを稼いでいる。100万ウォンは、あの人が自分の過ちを認めるに値する金額だろうか。いや、そうではないだろう。本当にもどかしい。現在裁判が進行中なので様子を見たいが、第1審では懲役6年の判決が言い渡された。それ以上長くなる可能性はあるのだろうか。いや、ないだろう。ウンビンはファン歴7年だという。わたしは約5年。チョン・ジュニョンが6年、あるいはもっと短いあいだだけ服役して出所すればいいな

んて。おかしな話だ。

　映画をつくりながら、誰も傷つけたくないと思った。誰かを責めたりからかったりはしたくないと。相手が犯罪者だとしても、毎日わたしが新聞を読みながら「クソ野郎」「カス野郎」と悪態をついていても、映画で罵倒してはいけないと思った。そういうことを言いたくてつくる映画ではないからだ。しかし最近は、その考えが正しいのか、よくわからない。勇敢な人たちが身の危険を冒して、自分のため、女性のため、よりよい世の中のために声を上げているなかで、この映画は時代遅れではないだろうか。車のギアをニュートラルの位置にすると後ずさりするというが、わたしはギアをニュートラルに入れているのかもしれない。だとすれば、怖いことだ。

　大衆にイメージを売って生きるスターたちが、ひとりふたりどころか、10人、20人と新聞の社会面をにぎわせる。「罪を犯した」「性犯罪の加害者」「グループチャットをつくって女性に性的暴行を加え、売春もセクハラも、ありとあらゆる悪事を働いた」と。正直、とてもつらかった。だって、裁判所の入り口でフラッシュを浴びなかったら一生見ることもなかった「博士」[メッセージアプリのチャットル

ーム「博士部屋」で児童・青少年を脅迫して作成したわいせつ物を流布した容疑などで起訴された、チョ・ジュビンのこと。2021年10月、韓国最高裁判所で懲役42年の刑が確定した]と、青春の半分をともにしたチョン・ジュニョンを同じように受け止めることはできない。だから、苦しかった。チョン・ジュニョンのファンたちは、彼の美しい人生を信じ込んでいたのが痛々しい。これまでのつくられたイメージの裏に素顔が隠れていただけだとしても、すぐには受け入れがたい。わたしは、やるせない気持ちでいっぱいだ。わたしがあなたを好きだった理由がまやかしだったとは思いたくないけれど、あなたのすべてが否定されている状況で、何を信じ、何を選ぶべきか判断できないから。本当に、苦しくてつらい。

　愛しすぎただけなのに、なぜわたしが罪悪感を抱かなければならないのか。ファンはスターの目撃談で盛り上がる。誰かがSNSに顔をアップした瞬間、すぐにファン同士が交流するサイトやSNSでシェアされる。集合写真のなかの小さな顔でさえ、共有したいからだ。推しと一緒に写っている人が芸能人ではない一般の人だとしても、何度も写真で見ているうちに顔を覚える。ああ、この人は推しの友

だちなんだ、と。ところが、推しと友だちが一堂に会する姿を法廷で見ることになるとは、想像すらしていなかった。なんと、法廷に立った5人のうち、有名なスターはひとりだけにもかかわらず、わたしは全員のことを知っていたのだ。ひとりひとりの名前まで。あまりに滑稽で、胸が張り裂けそうだった。そして、ふとこう思った。わたしは知らなかったのだろうか。あの集団のあまり良くない噂が聞こえてきたとき、「違う」とただ否定するだけでよかったのか。知りたくなかったのではないか。知ろうとしなかったのではないか。それとも、知っているのに知らないフリをしたのか。だったら、わたしは傍観者なのか。もしかすると加害者なのか。あの人を愛したわたしとは……。罪なき罪悪感に苦しんでいたけれど、罪がないわけではないのかもしれない。何も知らずに好きだったわたしは被害者だと思っていたけれど、ひょっとすると傍観者だったのかもしれない。苦しい。自分のことが、とても憎い。

あのときの心は
変わらない

　あの人が『成功したオタク』に対して上映禁止の仮処分申請をしたら……と想像してみた。もしそんなことが起きたら、映画をつくる立場のわたしにとっては非常事態だ。でも、妄想にふけっているうちに、少し悲しくなった。「頑張って勉強して、母親に孝行して」「ソウルの大学に進学して、俺にもっとたくさん会いに来て」と言っていたオッパが、わたしにそんなことをするだろうか。本当に、そんなことができるだろうか。わたしはオッパのファンだったのに。わたしはオッパが大好きだから何でもできたのに。自分がしてあげたことの見返りなんて求めていなかったのに……。ひどすぎる。

　わたしのすべての「はじめて」はあなただった。コンサートに行くために必死に勉強した。毎日4時間もファンカフェを眺めているわたしは、勉強に集中できなかった。それでもやってのけた。あなたに会いたかったから。あな

たがとても恋しかったから、頑張って勉強した。14歳の
セヨンは、ファンミーティングに行くためにはじめて
KTXに乗った。そして20歳のセヨンは、ソウルにある大
学に通い、ソウルでいろいろな経験をして、しばしば
KTXでソウルと釜山を行き来している。「はじめて」を忘
れることができるだろうか。できないと思う。何十回、何
百回も列車でソウルと釜山を往復しても、車窓の景色を見
つめるたびにあの頃を思い出す。あのときのときめき、あ
のときの緊張感。年月が経っても忘れない。車窓から見え
る風景の何が変わり、何かそのままなのかはあいまいだけ
ど、あのときの気持ちは覚えてる。オッパが刑務所に入っ
ても、わたしの記憶のなかのあのときの心は変わらない。

「セヨンが聴いたり歌ったりするのは、オジサンみたいな
曲ばかり」と周りの人に言われる。シン・ソンウ［92年
に歌手としてデビュー。俳優やミュージカルの演出家としても活
動］の「序詞（原題）」、チョ・ジャンヒョク［90年代を一世
風靡した歌手］の「中毒になった愛（原題）」、キム・グァン
ソク［フォークグループを経て89年にソロデビュー。96年に
死去］の「ホコリになって（原題）」、The Breeze［03年にデ
ビューした4人組ロックグループ］の「何と言おうか（原題）」、

YB［96年に結成された5人組ロックバンド］の「ペパーミントキャンディー」。全部あなたを通じて知った曲だ。あなたがオーディション番組とラジオで歌ってくれたカバー曲。それが、わたしが聴いて歌う曲のすべてだった。わたしはあなたが大好きだったから、あなたのマネをしたくなったのだと思う。だらしなく伸びたTシャツに古ぼけたビーチサンダルを履いて歩くあなたが好きで、腕にタトゥーをしたあなたが好きで、昔の歌を愛するあなたが好きだった。だからわたしは、あなたが大好きだったわたしは、あなたになりたかった。わたしのパスワードは、全部0221だ。あなたの誕生日。8年ぐらい前からずっと。もはやそれ以上何の意味ももたないが、その数字は永遠にわたしとともにあるような気がする。毎日0221という数字を押してスマートフォンのロックを解除するとき、パスワードを変えなきゃ、変えてしまおうと思う。でも、思うようにいかない。なかなかできない。

　わたしはあなたがとても憎い。憎い。どうか、過ちの分だけ罰を受けてほしい。

映画の話

　不思議だ。知らない人たちが、わたしの話で盛り上がっているという。

　Aさんによると、K先生とL監督が『成功したオタク』について語り合い、「太極旗集会を撮影すべきか、しないべきか。この作品の内容をどこまで広げるべきか」と議論したそうだ。K先生は「人の気持ち、手放すことができない心を説明するためには、真っ先に浮かぶのがパク・クネだから、集会を取材すべきだ」と言い、L監督は「オ・セヨン監督はもうチョン・ジュニョンを切り捨てたので、そこまで撮る必要はない。ファンの声に焦点を当てるべきだ」と言ったという。

　これに対して、ずっと前から相反するふたつの思いを抱きつづけている。正直言って、うんざりだ。でもその一方で、とても感謝しているのだ。こんなに多くの人がわたしの作品に関心を寄せてくれるとは、ありがたい。幅広い人

たちが興味をもつ作品で、力を与えてくれる人がたくさん
いるのがよくわかる。わたしにできるだろうか。

無題3

　推し活をしながら、すべての瞬間が幸せだったと言った。この言葉に心を痛めている。推し活をしている人はみんな「成功したオタク」なのだろうか。幸せになるという目的は達成できたのだから。だったら、苦しくてつらいオタクは存在しないのだろうか。それとも美化されているだけなのか。本当はどうだろう。

無題4

　疲れたので早い時間に横になってゴロゴロしながら、気になっていた動画を思い出してYouTubeを見た。ふと、本当にふと、あの人が歌う姿が見たくなり、特に『スーパースターK4』の時代がとても懐かしくなって、いくつか検索してみた。「アウトサイダー」のステージを見つめながら思った。そう、だから好きだった。こんな人だから、好きだったんだ。オーディション番組に出て、こんなにもカッコよく自由で魅了的な姿をさらけだせる人は、どれぐらいいるだろう。オッパのことが大好きだったという事実をあらためて感じた。数年前の歌なのに一つひとつの歌詞を自然と口ずさみ、生放送を見守っていたときの空気も生き生きとよみがえった。すごく苦しい。オッパはイケメンで歌も上手だった。YouTubeのコメント欄を見ていると、さらに苦しくなった。あの人を好きだとか、かばいたいとか、そういうわけではない。ただ、かつてわたしが愛した人だから。

オッパ、なぜあんなことをしたんですか。本当にどうして。わたしが知っていたオッパの姿と違うのは、なぜですか。どうして今、オッパは拘置所にいるのでしょうか。わたしはソウルの大学に進学して、映画を勉強しています。そう伝えたかったのに。なぜ、そんなところにいるのか。本当に、どうして。

　日記帳を探さずにそのままにしておいた理由。過去の動画のなかでもわたしが出ている（自分でもアホらしいと思いながら）ものだけを選んで観た理由。やっと気づいた。わたしは、自分の好きだった、愛していた、あのオッパが社会面を飾る犯罪者になってしまった事実を、まだ受け入れる準備ができていないようだ。

I先生

　仕事に行く途中で、I先生に会った。運がいい日だ！先生に最近の悩み（過度な感情移入、雑な撮影、助監督や撮影アシスタントがいないこと、インタビューを整理するコツ、構成が難しいこと）について話した。先生はしっかり相談にのってくれた。「原論的な話しかできなくて申し訳ない」と言う先生。でも、先生という存在が心強かった。ドキュメンタリーは、わたしという人格、人柄と密接に関わるもの。わたしがいかに耳を傾け、話し、どんな考えをもち、人々の話をどう整理するのか、一つひとつがすべて重要だ。だから、よく考えながら進めなければならない。先生は、「ビッグデータのようにカテゴライズするのではなく、人と会って語りあい、その内容を整理して構成したほうがいい」とおっしゃった。人々と感情を交わすなかで、取捨選択をしながらフォーカスを当てていくということだ。感情だけでは映画は成立しない。その点をわたしももっと思案しなければならない。

丁寧に撮影することも大事だが、どのような構成にして、どんな結末に向かうのか、その過程でどのような考えと言葉が行きかうのかが重要な作品だ。だから、構成を後から考えることはできない。構成を組み立てながら撮影しなければならないのだ。でも、難しい。本当に難しい。こうしてああして、こっちの話に移ろうか、あっちの話に進もうかと悩む。先生が「話し手になるのか、聞き手になるのか、ふたつの役割を同時に担うのか、決めるのが大事だ」とおっしゃったのが、心の奥まで響いた。それができるかは、わたしの力量にかかっている。特に大事なのは、きちんと聞くことについての先生の言葉。先生は「しっかり耳を傾けてつくられた作品は、長く人の心に残る」と言った。「映画は人と人とがともにつくるものなのに、それをできない人たちがひとりで映画を製作しようとして、実験映画だとか言っているのだ」と。

　先生はわたしに「悩むのは当然のことだから、あまり深刻にならないで！」と大きな声で言い、立ち去った。いつも時間に追われてくせ毛が伸び放題の先生は、映画祭の予備審査や特別展の解説、映画雑誌のレギュラー寄稿者として活躍しながら、映画批評誌の原稿も執筆しなければなら

ないため、7月半ばまで忙しいというππ　先生が落ち着
いたら、ゆっくりお会いしたい。

映画の悩み

　久しぶりにソウルでの撮影。完璧に準備したつもりだっ
たけど、何かが欠けていたようだ。いつも使っていたビデ
オカメラ（SONY HXR-NX80）に加えて、ミラーレス一眼
カメラ（SONY α 7S）でも同時に撮影していたのだが、両
者の違いを十分に把握できていなかった。ミラーレスは色
味を調整したつもりが、思ったよりもずっと淡く明るく映
ってしまい、ちょっとショックだった。インタビューをう
まく撮影するために、2台のカメラを回し、ナヘさんに撮
影のアルバイトをお願いしたのに。

　なぜそうなったのか、正直よくわからない。ちょっと残
念。サウンドも、ワイヤレスマイクをふたつ使ったけれど、
ないほうがよかったかも。すごく残念。蛍光灯の下での撮
影は、イマイチだ。特にビデオカメラで撮ると画面に縞模
様ができてしまって、もう最悪。ミョンファさんは、「あ
の人たちと自分を重ねずに切り離して考えることが、幸せ

な推し活の第一歩」と語った。とても正しい言葉だけれど、それがうまくできないからこそ、みんな苦しんでいる。なぜだろう。気になる。「犯罪者の不遇な過去を美化して同情してはいけない」という言葉も、すでに犯罪者のファンだった人たちには通じない。また、「わたしたちには長いあいだ一緒に紡いできた物語がある」と言った。この考え方をどのように整理して説明したらいいのかわからない。（わたしがそう話すと、ミョンファさんは、これを論文のネタにしたいと言った）。映画をつくって証明することと、テーマをどこまで広げるかについて悩んだ。ナレーションで説明せずに、つくったものを見せること。これはもっと難しいレベルだけど、自然な方法だと思う。女性と若者、アイドルファンに限定された現象ではなく、わたしたちの社会における偶像化とは、一体何なのか。わたしは（ゆがんだ）偶像化について、ファンダム現象について語りたいのだ。あの人を起点とする悩みが、たんなる怒りで終わらないように。映画のエンディングが「怒り」だったら、面白くない。退屈だ。わたしも嫌だ。そうじゃない映画をつくる。本気で。

　安定した製作環境をつくるのも、悩みのひとつだ。スタッフとどんなコミュニケーションが必要なのか。誰に助監

督を任せるか。いろいろなことが未知数だ。ソウルにいる
ほうがいいのか、釜山にいるほうがいいのか。とにかく、
わたしができる話に忠実であるべきだ。自分を飾ったり整
えたりせずに、混乱する過程と見たり聞いたりしたことを、
うまく盛りこみたい。少し距離を置いて自分を見つめなけ
れば。そうだ、気を引きしめて頑張ろう。『成功したオタ
ク』がいい映画になるように。

忘れてはいけないこと

偶像化とファンダム現象についての話。

偶像そのものを撮影するのは最小限に。

象徴となるものを撮ろう。

象徴となるものさえも、偶像を仰ぎ見るような？ アングルで！

木浦
モッポ

木浦はすごく暑かった。かなりしんどい撮影だった。これまでインタビューを受ける人たちに会う旅をつづけてきたが、今回はずっとチョン・ジュニョンのことが脳裏から離れなかった。

韓国全土の地図に記された地名ではなく、美しい海がある都市として木浦を知ったのは、2014年2月23日。『1泊2日 シーズン3』#479、つまりあの人が出演したバラエティ番組を見たのがきっかけだった。

訪れたこともない街だけど、旅したことがあるような気分になる。木浦駅で地元の人とスピードクイズをしたり、ナクチホロン［テナガダコを串に巻いて焼いた料理］を食べるためにスタッフと頭脳戦をしたり、出演者たちと体をぶつけ合っていたあの人が、まるで目の前にいるかのように感じられた。チョン・ジュニョン、チョン・ジュニョン、チョン・ジュニョン。いまいましいチョン・ジュニョン。

すべての記憶がチョン・ジュニョンに結びつく。なぜわたしのすべてのはじまりには、あの人が存在しているのか。頭がおかしくなりそうだ。

　あの人が芸能界を追放されるように引退してから、二度目の夏がやってきた。以前のように１日中あの人について考えることはなくなった。でも、とてもささいな何かに心が反応するのはあいかわらず。望まない記憶にアクセス。木浦へ向かう道に、数年前のバラエティ番組で観たあの人の姿が浮かぶ。カラスのような笑い声。パタパタと舞う痩せた体がふと現れる。新しい思い出で上書きすれば、次に木浦を訪れるときにはあの人を想わずに済むのだろうか。過去の記憶に縛られることなく。

　木浦で再会したジュジュさんには、大きな変化があった。新しい推しができたのだ。過去の推し活で負った傷を癒すためには、新しい推しが必要なのだろうか。だったら、推し活をやめることは永遠にできないのだろうか。

　傷は傷として残る。
　他のもので癒すことはできない。
　記憶は古い順に削除されるのではなく、
　終わりなく積み重なっていく。

夏の夜に思うこと

　うーん。去年を振り返ると、わたしは本当に炎のように
アツかった。今すぐ映画をつくらなければならないという
衝動にかられて、何の準備もしないまま、ガンガンばく進
していった。間違っているとは思わない。でもわたしは、
自分がどれだけ大きな傷を受けたのかを見落としていたよ
うだ。こみあげる怒りに突き動かされ、怒りを共有する友
だちがいてくれたおかげで語り合うことができた。何度も
いろいろな場所に足を運び、その先々でたくさんの人に会
い、景色を見つめた。怒りは一瞬落ち着いたが、悲しくな
った。

　悲しい。悲しい。わたしがとても長いあいだ、とてもた
くさん愛していた人を憎まなければならないという事実が、
すごく苦しい。つらすぎる。わたしは、自分は大丈夫だと
思っていた。でも、映画を撮りながら、あの人と永遠に決
別できないと気づいた。落ち込んでいるときに聴く歌も、

あの人が教えてくれた曲ばかりで、どこに行っても思い出すのはあの人と結びついた記憶ばかり。わたしの人生に大きな影響を与えたのはわかっていたけれど、思っていたよりもはるかに大きな部分を占めていたようだ。本当に、ガチで、あの人がわたしのなかに存在しているみたいに。

うーん。わたしはオ・セヨンだけど、わたしはいつだってわたしだけれど、とにかく今のわたしは、過去に出会った人や見聞きしたこと、好きだったり嫌いだったりしたことが積み重なって形づくられている。もちろん、変わることもある。もうあの人は好きじゃない。あの人の人生を応援していない。あの人の歌を毎日聴いたりしない。あの人のことを心配しない。あの人が恋しくて手紙を書いたりしない。あの人に自分のことを知ってほしいなんて思わない。でも、残っている。そんなふうに思っていた心が。消えることも、捨てられることもなく、ずっと残っている。

映画をつくるのは、難しくて苦しい。もちろん、楽しいときもある。でも苦しい。わたしは自分の苦しみを見せびらかしたいのだろうか。長い別れの時間は、ずっとつづくのかもしれない。勇ましく撮りはじめた映画は、わたしの

感情の波にのまれて転覆してしまいそうだ。ハハ。『成功したオタク』を完成させるためには、あの人のことを考えても何も感じないようにならなければいけないのか。時が経つほど、思い出すとさらに苦しくなるのに、そんなふうになれるのか。だったら、この映画は完成しないのか。そうでないとすれば、ただ、わたしは……。わたしのなかに存在するあの人のかけらを抱えたまま、生きていかなければならないのか。ああ、難しい。クソッ。YouTubeでもなかなか観られない動画を眺めながら、昔のことを思い出すのも、人としてやってはいけないこと。もう、いい加減やめなきゃ。

お母さんのオッパ

　テレビが大好きだった幼い頃は、誰かが新しいドラマに出演したり、新しいアルバムの曲を歌ったりするたびに、その人に夢中になっていた。そのたびに母に自慢して、いい気分になった勢いで、母にもお気に入りの芸能人がいるのか尋ねた。母の答えはいつも同じだった。好きな歌手はイ・ムンセ。好きな俳優はチョ・ミンギ。

　毎日かけ流しているテレビの音楽番組にイ・ムンセが出演することはほとんどなかったが、チョ・ミンギの姿はいろいろなドラマで目にしていた。母はたまに冗談交じりに「ミンギオッパが出るドラマを観なきゃ」と言った。母が誰かを「オッパ」と呼ぶのが新鮮で、わたしはいつも笑い転げていた。

　2018年2月、チョ・ミンギが教授として在職していた清州大学演劇映画学科の学生たちにセクハラをしたという疑惑が浮上した。それを機に、数多くの人たちが被害を

暴露しはじめると、チョ・ミンギは強硬に対処するとした当初の反応を覆し、謝罪文を発表して過ちを認めた。その後、勇気を出して声を上げた被害者たちを応援し、支持する声が大きくなった。しかし、チョ・ミンギは警察の取り調べを3日後に控えた3月9日、自ら命を絶った。

　セクハラについての捜査は、加害者の死亡に伴い「公訴権なし」で終結した。取り調べが始まる前に死を選んだのは、自らの過ちを悔いての選択とは思えない。チョ・ミンギの死は、むしろ加害の最終形態であり、被害者と周りの人たちに、一生消えることのない傷を残した。亡くなる前に、事実と異なる噂や憶測が広がったことに苦しんでいたともいわれている。もしかしたら、それさえもチョ・ミンギが犯した過ちに対する報いかもしれない。本人が苦痛を受けたからといって、被害者の苦しみが消えるわけではない。その世界の王者として君臨していた人物が、自分の地位を利用して他人に与えた苦痛は、何をしようが決して相殺されることはない。その人は、もうこの世にいないから。

　わたしはチョ・ミンギをよく知らない。演じる姿を観ていただけだ。セクハラ事件で関心をもったのが最初で最後だ。もちろん、良い意味での「関心」ではない。チョ・ミンギの卑怯な死に憤りを感じたのは、大学生になったばか

りの18歳の頃。そのときは、その人にも熱いファンダム
があるとは思わなかった。ところが、母がそのひとりだっ
たのだ。母は、チョ・ミンギが運営していたホームページ
「ミンギ村」の住民だった。つまり、今風にいえば、ファ
ンカフェの会員というわけだ。好きな人、好きだった人と
一緒に輝きながら年を重ねるのではなく、その人に失望し、
憎まざるをえないという事実が、とてもやるせない。

　それどころか、憎まれることから逃げるようにこの世を
去ってしまったのが、虚しすぎる。

　人を見る目は遺伝するのだろうか。母はチョ・ミンギ。
わたしはチョン・ジュニョン。不思議なことに、チョ・ミ
ンギの死からちょうど1年後の2019年3月、チョン・ジ
ュニョンが性行為映像の違法撮影および動画流布、特殊準
強姦などの容疑で検察に拘束・起訴された。推し活に夢中
になっていた娘を見て、母はどんな心境だったのだろうか。

重心をとらえる

『成功したオタク』をつくりはじめたときは、ただ怒りで
いっぱいだったが、いろいろな人に会い、時が過ぎるにつ
れて、もっと深く複雑な感情がどんどん湧いてくる。最初
の頃は、ただ面白がって、ムカついて、一緒に悪態をつき
ながら慰め合っていた。ところがしばらくすると、だんだ
んあの人のことを思い出し、心を痛め、喪失感にさいなま
れ、同時に罪悪感も抱くようになった。この入り組んだ感
情を映画で見せなければならない。誰かを愛した人の心の
境地は、「くたばれ」ではないはずだ、絶対に。でも、こ
の映画が2次加害［性被害などを訴えた人をさらに傷つけるよ
うな言動のこと］にならないようにするためには、あの人
に対する同情ではなく、好きだった人たちの心を描かなけ
ればならないと思う。これは、慎重に心がけるべき点だ。

　わたしはあの人をもう愛していないし、拘置所に収容さ
れている今の状況を哀れだとも感じない。ただ、死んでほ

しいとは思わない。だから、すごく複雑であいまいな気持ちだ。わたしの変化といろいろな人たちに出会う過程が自然につながる構成もいいけれど、一緒に前へ進んでいくというのもいいかもしれない。時間軸をふたつ設定して、両方に同じ足跡を刻みながら、それぞれ違う話を盛りこむのだ。なぜなら、わたしは人々に会って話に耳を傾けることで自分の内なる声を聞き、自身を知ることができたから。でも、映画の観客にとっては、わたしよりも他の登場人物たちのことを理解できるように見せるのが大切だ。

　しかし、『成功したオタク』は、「登場人物に共感してほしい」とアピールするための作品ではないという点を肝に銘じなければならない。I先生がおっしゃったように、推し活やオタクの微妙な心をとらえて見せるのが重要なのだ。多くの人の偏見のなかのオタクやパスニ［アイドルに熱狂する若い女性を蔑んで呼ぶ言葉］ではなく、わたしが目にしたままの姿や、不思議な心を。愛というにはあいまいで、応援というには執着に近く、信心というには宗教ともまた異なる何か。奇妙で奇怪な心。「奇妙」と書いたけど、批判したいわけではない。奇妙な心の実体を映し出す。なぜそんなことをするのか、聞いてみる。どうしてそこまでやるのか、と。これは、もしかすると自分に対する問いかけ

かもしれない。わたしはなぜそうしたのか。なぜそこまで
やったのか。

　推し活をつづけることができますか？　という質問。
　もしかすると、その質問と対になるように「推し活をや
めることができますか？」と聞くのもいいかもしれない。

ミンギョン

「チュンネセ！」

　ミンギョンは、わたしをこう呼んだ。なぜなら、ファンカフェでのニックネームが「ジュニョンだけがわたしの世界（쭌영만이 내 세상）」の略語チュンネセだったから。『スーパースターK4』の3次予選でDeulgukhwaの「それだけがわたしの世界」を熱唱したオッパの姿に深く感動して、こんなニックネームをつけた。正直、今となっては恥ずかしい。それでもミンギョンは、いまでも愛情たっぷりの慶尚道の方言で「チュンネセ」と呼ぶ。「ちょっと、静かにしてよ」とキツく言ってみたりもするけれど、実は、ミンギョンにそう呼ばれるのは嫌じゃない。

　ミンギョンと出会ったのは、屋外で開催されたファンサイン会の列に並んでいたときのことだった。巨済島から来たというミンギョンは、「実物を見るのははじめて」とうれしそうだった。同い年で住んでいる街も近いこともあり、

わたしたちはすぐに仲良くなった。ミンギョンに会うためにひとりで巨済島を訪れた日、わたしは革ジャンを着て、アコースティックギターを背負っていた。モンドル海岸で、チョン・ジュニョンにインスパイアされたロックファンとしての「ロック・スピリット」を見せつけたかったのだ。「中二病」だったのだと思う。いや、頭のネジが外れていただけかもしれない。ほとんどSNSのように活用していたファンカフェの掲示板に、「ファンサイン会で知り合った友だちに会いに向かってます」と書くと、カフェのメンバーのひとりが、チャットでメッセージを送ってきた。「友だちが巨済島の有名なホテルでシェフをしているので、わたしの名前を出して食事をしてください。代金はこちらで持ちます」という内容だった。顔を見たこともないのに、ファンという名前のもとでひとつになっていたからこその、好意の申し出だった。ミンギョンと会って、オッパの顔をプリントしたステッカーや小さなメモ用紙などのソンムル[선물 プレゼントを意味する韓国語。コンサート会場やオフ会でファン同士が交流する際に、手づくりグッズやお菓子などのソンムルを渡すことが多い]を交換し、ギターを手に認証ショットを撮った。食事をごちそうしてくれたファンカフェのメンバーに、お礼を伝えるのも忘れなかった。1日中同じ曲

を聴いて歌い、あの人についておしゃべりしているうちに、旅はあっという間に終わってしまった。その後、わたしは一度も巨済島に行っていない。昨年、釜山を訪れたミンギョンと久しぶりに会って、事件のことを話した。いつもニコニコしていて大爆笑した顔が真っ先に浮かぶミンギョンだが、この日はずっと深刻な表情だった。

　長い時が経ち、わたしたちをつないでくれたあの人は、当時とはまったく異なる状況に置かれている。過去に戻ることはできず、未来のことはわからないが、とにかく、わたしたちは今も良い友だちだ。

ついに支援金の
精算が完了

　今年 9 月から、いや正直言えば、去年の冬から自分の
おしりをたたいて取り組んできた支援金の精算。ついに終
わりが見えてきた。実は、はじめて書類の整理を済ませた
ときにも、終わったと思った。ところが……。

　勤労所得と事業所得を区別しなかった罪。
　預貯金等の内訳書だけ準備して、送金確認書は忘れてい
た罪。
　源泉徴収資金調書が何かわかっていなかった罪。
　細部内訳の計算を間違えて、数学とエクセルが得意な人
を数時間ひたすら探しまわった罪。
　何に使ったか覚えていない領収書が70枚もあった罪。
　コピーを取らずに領収書を放っておいたらインクが蒸発
して文字が消えてしまった罪。
　ショッピングアプリのポイント 6 ウォン分をゲットし
た罪。

他にもここに書くのもはばかられる数多くの罪名によって、精算にはすごく長い時間がかかった。その苦痛は……本当に……やったことがある人しかわからないだろう。実は、まだ終わっていない。でも、チーム長が追加で依頼してきたミッションもすべて終えたので、うまくいけば今月中に完了すると思う。

　考えてみれば、高校に入学してから数学を完全にサボっていたけれど、お金の計算は超得意だ。こんなに大きな金額を計算したのははじめてだったうえに、単にマイナスがつづくのではなく、払い戻しの内訳、決算税、カード割引、さらにあれやこれやで数十ウォン、数百ウォンというこまごまとした金額を処理しなければならず、頭が爆発しそうだった。それでもどうにか終わらせて……。

　数字と向き合ってひたすら計算し、確認する作業はストレスだけど、妙な喜びを感じる。長い時間がかかっても、ちゃんとできるとすごくうれしい。この気持ちを忘れずに、また新たな喜びを味わいたい。どうか……。もう、あとは映画さえ完成すればいい。セヨン、頑張れ！　頑張れ！　頑張れ！！！

助監督 ヒョジョンの言葉

　ライトな推し活も、ディープな推し活もあります。でも、みんなの愛が特別だったんです。監督だけがスペシャルだったわけじゃありません。マスターのような人たちなんて、もっと特別でしたよね。推し活のレベルも、投じた時間も。それなのに、監督が登場するフッテージ［編集されていない映像や画像などの素材のこと］を映画の冒頭に入れて『成功したオタク』というタイトルを映したら、観る人の期待は一気に高まります。それは結局、自分の首を絞めることになりますよ。誰もがもっているネタではないということは、監督ご自身、よくわかってるはずです。

　上映することが目標でなくても、完璧を追求するのもいいんですけど、それによって作品に支障が出たり、自分を追いこんであまり好ましくない方向に進んだりするのは、許せません。ユーモラスな雰囲気は、監督本人から生まれるんです。大事なのは監督本人のコンディション。もとも

とコミカルな性格だから。けがなどに気をつけて、楽しく
やりましょう。慎重になりすぎないほうがいいって意味で
はありません。だけど、セヨンさんは、ちょっと強い。警
戒心が強い。強すぎる。急にズームを入れたりするのはい
いんだけど、もっと大胆な試みが必要です。安定しすぎて
つまらなくなったら、すごく残念だから。執拗に指を映す
カメラのズームを多用していますけど、技巧に走らない努
力も大切ではないでしょうか。巧みすぎるのも問題です。
はぁ。

境界線

　あの人のファンでありつづける人たちにとっては、わたしがどんな目的で、どんな気持ちで撮影に臨んでいるかは、あまり重要ではないようだ。もうわたしは「外の人」だから。あなたたちをどんな目で見つめているかわからない、得体のしれない存在。わたしは、あなたたちが避けたい、隠れたいと思う対象になってしまった。過去を共有していたとしても、いまわたしは輪の外にいるから。あの人たちを撮影するのは、暴力かもしれない。わたしの過去が、そう語っている。

0221

　おめでとうとは言えないけれど、一生忘れない。忘れることなんてできない。あなたに関するすべての数字と慣れ親しんだ日付がずっと心から離れないだろう。懐かしいけど、恋しくはない。わたしが恋しいのはあなたじゃないから。わたしが恋しいのは、二度と体験できないあのときの気持ちだから。お誕生日おめでとう。このありふれたひと言を贈れない相手が、他でもないあなたであることが、いまいましい。

　死なないで、死なないで生きて、すべて返して。

映画を完成させる心、人に見せる心について、もう一度
考えた。
　すごく勇敢なことだ。怖いことでもある。

済州島の旅

<ruby>済州<rt>チェジュ</rt></ruby>

　7月1日に済州島に行く航空券を予約した。釜山国際映画祭の締め切りが近づいているのに、全然編集を進めていない自分がもどかしくうんざりして、気分が上がる予定を入れれば、もっと一生懸命になれると思ったから。

　とんでもなく的外れだった。
　旅行の日程を決めてから1週間、宿を探し、おいしいお店をあれこれ調べ、行きたい場所を地図にマークするのに大忙しで、編集はちっとも進まなかった。映画を完成させたいと切に願っていたはずなのに。締め切りが目前に迫っているのに、なぜ。一夜漬けでできるわけがないのに、どうして早くやらないのか。意志が弱すぎるのか。だけど、わたしはもともとこんなふうだった。何かを前もってやったことは一度もない。とはいえ、ダメだろう。釜山国際映画祭で自分の映画を上映するのが夢だったのに、実際は日が暮れる時間になってから、どうにか机に向かっているな

んて。

　3時間以上におよぶラフカットをどうにか完成させ、じっくり確認しているうちに、出品の締め切りまであと1週間。ところどころカットして思うままにくっつけたような編集バージョンを眺めていると、これを本当に映画と言えるのか疑問に思う。締め切りの2日前にようやくiPhoneでナレーションを録音しようとしたが、暑さが思わぬ敵となる。エアコンもなく扇風機ひとつで夏を過ごしていたのだが、録音を聴くと、生活騒音のように聞き慣れていた扇風機の音が盛大に響いていたのだ。1時間で終わると思っていたナレーション収録は、汗を流しながらひとつの文章を録音し、汗を拭いてしばらく風に当たって、再び扇風機を止めて次の文章を録音する……という作業を繰り返し、結局、午前0時過ぎまでかかった。

　どうにか締め切りの当日に、めちゃくちゃなままの編集バージョンを提出した。2晩徹夜してまぶたに疲れがたまっていたが、夏の朝の空気が心地よかった。そして悲しくなった。わたしは本当にベストを尽くせたのか。いや、違う。あんなに切望していたのに、この程度しかできないなんて。あらためて見るのも恥ずかしいレベルの編集バージョンを映画として出品するなんて。とても悔しかった。最

後の最後になってから、「あと1日あればよかったのに」と思う自分がとても嫌だった。情けなくて、怠け者で、愚かで。こんなに嫌いな自分と、どうやって一生暮らせばいいのか。

とてつもない大仕事をやり遂げてスッキリした気分で乗るはずだった済州島行きの飛行機のなかで、わたしは己を恨んだ。苦労した自分へのご褒美になるはずだった旅は、寂しい懺悔の旅になってしまった。何より問題だったのは、疲れ果てていたことだ。旅のときめきなんて感じないし、ちゃんと寝ていないので目がしょぼしょぼして睡魔に襲われ、まるで罰を受けているかのようだった。でも、今さらキャンセルするとお金を宙に捨てることになるので、仕方なくそのまま行った。それでも、飛び立つ機内の窓からだんだん小さくなっていく建物を見ると、少しワクワクした。感情の起伏がおかしくて、ちょっと笑えた。とにかく5泊6日の済州島ひとり旅。ダメな子なのに、いいご身分ですね、オ・セヨン！

済州島の空港に着くと、赤いバスに乗った。28インチのキャリーケースをしっかり抱きかかえて。わざとそうしたのではない。空港バスも遠距離バスも乗った経験がほとんどなくて、バスの側面の荷物置き場にキャリーケースを

預けられるのを知らなかった。おかげで降りるまで、運転手さんににらまれた。最前列に座ってキャリーケースを抱えてあたふたしている、落ち着きがないわたし。そんななか、電話がかかってきた。運転手さんを気にしながら、とりあえず電話に出た。

　　── もしもし。
　　── はい、アンニョンハセヨ。
　　── なんかご機嫌ですね。わたしが誰かご存じですか？
　　── ……どなたでしょうか？

　釜山国際映画祭のドキュメンタリーセクションのプログラマー、カン・ソウォン先生だった。ひょっとして、あまりにヒドい映画を提出したので、間違ったファイルを送ったのではないかと確認するために電話してきたのかも……と、緊張して喉がヒリついた。編集を加えるつもりか、サウンドが良くないけれどやり直す予定なのかという質問に、「おっしゃるとおりです」と繰り返し答えた。ところが驚いたことに、ドキュメンタリー・コンペティション部門で上映したいとおっしゃった。提出のわずか1日後に耳にした、意外な結果。え？　本当ですか？　この映画をです

か？　と、7回ぐらい確認した。手はぶるぶる震え、声はどんどん大きくなった。ルームミラー越しにずっとわたしを見ていたバスの運転手さんが、「静かにできないなら、降りてください」と言った。

　だから、降りた（どっちみち乗り換える必要があったから）。「最終的な上映バージョンの提出期限まで、ポストプロダクション作業を頑張ってください」という応援の言葉まで聞いたのに、信じられなかった。これって、もしかしてオレオレ詐欺？　わたしをだまして何か得られるものがあるのかな？　ないよね。じゃあ、本当なのか。本当に？　わたしが？　釜山映画祭で？『成功したオタク』が？　コンペティション部門？　興奮しながらグループチャットで家族に知らせた。まだ信じられなくて、誤字脱字だらけで。そして、まるで受賞のスピーチのように、毎朝編集を頑張るようにモーニングコールをした母と、わたしのヒステリックな態度もすべて受け入れてひとりで部屋を使えるようにしてくれた姉に、感謝の言葉を伝えた。でも、ふたりは淡々としていた。「なんでそんなに冷静なの？」と聞いたら、姉は「そうなると思ってた」と言い、母は「実感が湧かない」と言った。ひとりで大騒ぎしているうちに、いつの間にか1時間が過ぎ、宿泊先に着いた。

それでもまだ夢ではないかと思って、猜疑心の強いわた
しは電話がかかってきた番号にメッセージを送った。「先
ほど電話でお話ししたことは、本当ですか」と書くのは、
疑い深さ全開なので、少し丁寧にメールを送った。

　　──先ほどはあまりにも驚いて、電話ではしゃいでし
　　　まいました……^^　恥ずかしいです……。暑い日
　　　がつづいていますので、お体ご自愛ください。
　　──いや、意外と落ち着いていましたよ^^

　興奮をしずめようとそれなりに努力したので、落ち着い
ていたように聞こえたのかもしれないが、1日中、雲の上
にふわふわ浮かんでいる気分だった。済州島にいる場合じ
ゃなくて、今すぐパソコンに向かって編集しなきゃいけな
いと思うけど。わたしが？　はじめての映画で？　この年
齢で？　ヤバっ。こんなふうに自己陶酔に浸ったり、済州
島の夕焼けを眺めてると、わけもなく不安や心配が押し寄
せてきて、映画が未完成のまま客地で死んでしまったらど
うしようと怖くなり、いろんな思いがよぎり、心がぐちゃ
ぐちゃになった。旅の意味が、ころころと変わっていく。
過ぎし日を癒すはずだった旅が、過ぎし日を省みて自分の

長所と短所を見つめる旅になり、これからの日々の不安と
向き合う旅になった。

　まだ旅はまともに始まってもいないのに、荷解きをして
少し休んで、アワビの土鍋を食べてビールを1杯飲んだだ
けで、これまでの時間が報われた気がして、思い出しなが
らちょっと緊張したりして、不思議な感覚になった。あま
り不安がらずに、もっと勇敢になりたい。

峰でも山のごとし

　1晩中泣いて眠れなかった済州島の朝、ふと、山に登ろうと思った。漢拏山〔ハルラサン〕〔済州島の中心にある韓国最高峰の山〕に挑むために午前4時にゲストハウスを出る年上の女性たちに刺激されたのかもしれない。ネットで検索してみると、漢拏山は標高1950メートル。高すぎる。そして、遠すぎる。途中で死ぬかもしれない。わたしにとって漢拏山は、ヒマラヤであり、エベレストだ。じゃあどこに行こうかと悩んでいたら、昨日バスで通り過ぎた城山日出峰〔ソンサンイルチュルボン〕〔海底火山が噴火してできた丘。頂から眺める日の出が美しいことで知られている〕を思いついた。もう一度検索。標高182メートル。これくらいなら楽勝だ。あ、でも「山」じゃなくて「峰」だけど。それでもいい。ここを征服すれば、今年はすべてがうまくいく。……セヨンよ、『成功したオタク』を立派に完成させるパワーも得られるはずだ。たった182メートルなのに、どうしてこんなにも悲壮な覚悟で臨むのか。……とにかく、毅然とした態度で城山日出峰のふもと

のバス停に降り立った。

　しばらく歩くとチケット売り場があり、登山道を少し行くと階段が現れた。衝撃的なことに、もうへとへとになっていた。真夏の済州島では、平らな道を歩くだけで汗がだらだら流れる。登るのやめようかな。でも、もうチケットを買っちゃったし。「やっぱりやめました」って払い戻しするのか？　さっき自分で「ここを征服すれば『成功したオタク』を立派に完成できる」って言ってたくせに。あきらめたら失敗するってことだよね。あれこれ意味づけした末に、自分を追いこむことになってしまった。

　階段を上っていくと、想像していたよりも年配の方がいっぱいいるのに気づいた。わたしはすでに息を切らしていたのに、みんなとても穏やかな表情で、山を、いや、峰を登っていた。家族連れも多かった。母と娘、父親と息子、おじいちゃんとおばあちゃん、ミドルエイジの夫婦も。狭い階段でたくさんの人を見かけた理由は、わたしより後に出発した人たちが、わたしを追い越していったからであり、ところどころにあるベンチにわたしが長いあいだ座っていたからでもある。

　10分ぐらい登っただろうか。明らかにまだ半分も来ていないけど、遠くに見える景色は美しかった。海と山、ぎ

っしりと立ち並ぶ家々。まさにスカイブルーの空。かなり高いところまでたどり着いたし、すばらしい眺めも楽しんだのに、わざわざ最後まで登る必要があるのだろうか。それでも行かなきゃ。ここを征服して、映画を成功させるのだ。息がうまくできず、マスクのなかは汗まみれの小さなサウナのようだった。足はずっとガクガクしたまま。でも、どうしようもない。わたしには信じている宗教がないから、この山に願掛けをするしかない。信じてみよう。にわか仕込みの信仰が与えてくれる力を。映画の成功を切に願っているから。

　黙々と階段を上って、展望台と表示されているところに着いた。小さな望遠鏡があって、眼下に広がる景色ははるかに遠くなった。ここが頂上かな。7歳ぐらいの男の子が、隣にいた父親に同じことを聞いた。「ここが頂上なの？」すると、若い父親が言った。「ううん、もうすぐだよ。あと少し登ればてっぺんだ」。水を飲むフリをしながら盗み聞きした甲斐があった。息も絶え絶えで、滝のような汗も止まらず、本当にあきらめたかった。父親と手をつないで、とことこ階段を上る男の子を見て、どうにか心を奮い立たせた。

　ここでもじゅうぶん高いのに、頂上に行ってもたいして

変わらないんじゃ……と不満を口にしながら、心のなかでは放送禁止用語交じりに「しんどい」と100回以上言っていた。そして思った。「もうすぐだよ」っていうのは、息子をてっぺんまで連れていこうとする父親の嘘だったんだ。親子の会話をこっそり聞いた罪で、こんなに苦しむはめになった。そもそも、なぜ「この山を征服したら、今年はすべてがうまくいく」なんて根拠のない妄想をしたのかも謎だし。ハァハァ……。汗が目のなかにたれてくる。目が痛い。暑い。死にそう。もう引き返そうかな……。

体感で1時間（実際は2分）ほど登ると、想像を超える絶景が広がった。あきらめようとした自分を恥じるほど、すばらしい風景だった。狭い階段を上って頂上にたどり着いたたくさんの人のざわめきさえも美しかった。座り込んでひたすら景色を眺めて、ふと見わたすと、周りは家族連れの観光客であふれていた。ちょっぴりうらやましかった。わたしも家族と来たかった。おばあちゃんも一緒に。そう思うと、また泣きそうになった。

微妙な姿勢で夫とふたりの息子の写真を撮ろうとしていた女性に声をかけた。「撮りましょうか？」と。普段はこんなことしないのに。あれこれぶつぶつ言っていた男の子は、いつかわたしが撮影した写真を見て、この瞬間を懐か

しく思い出すだろうか。知らんけど。お礼にわたしの写真も撮ってくれた。ちょっと恥ずかしかったけど、うれしかった。山は登るよりも下るほうが大変だという事実をひしひしと感じながら、勝手に動く足を必死に押さえて、無事にふもとにたどり着いた。

　本当に、すべてがうまくいきそうな気がしてきた。小さな峰を登っただけだが、もしかしたら大きな峠をすでに越えたのかもしれない。あ、また意味づけを……。

人々の言葉

　先が見えず葛藤するなかで、力を与えてくれる人たちに出会うと少し気が楽になった。みんながくれた宝石のような言葉を、しっかりと心に刻んだ。「多くのことを経験しながら、自分が進むべき道、進みたい道、良い道を歩んでいるね」というひと言に特に感動した（感動しすぎて正確なフレーズは覚えていない）。以前は、やるべきことを差しおいて誰かに会うと罪悪感のようなものを抱いたが、今はむしろいろいろな人と交流して心をリフレッシュすることが大事だと思う。

D-1 week

　集中しなければならないのに、集中できない。笑える。同じ映像を何度も見ていると目がしょぼしょぼするので、聞いた言葉を書き留めたノートを眺めてみたら「焦らずに楽しんで。そういう作品だから」という言葉が妙に心に響いた。この映画をつくるのがどんなに楽しかったか。どんなに大変だったか。それは、後になってからわかるはず。この夏はバタバタと始まり、バタバタと終わった。まるでわたしみたいだ。仕事が早いかどうかの問題ではなく、時間があまりにもないので、もどかしい。もどかしい。もどかしい。不安だ。最近はヘンな夢も見る。でも、夢は、逆夢になるというから、きっとうまくいく。すべてが。

　もうすぐ９月だ。９月。

完成

　すべてが終わればスッキリするかと思ったけど、違った。色補正もミキシングも終えて、DCP［デジタルシネマパッケージの略語。デジタル上映用のデータファイル］もつくったのに、心がざわついている。不思議だ。実感が湧かないせいだろうか。なぜか、終わったという気がしないのだ。もうこれ以上できることはないのに、もやもやする。しきりに自分を疑う。しきりに自分を責め立てる。本当に全力を尽くしたの？　本当にすべて終わったの？　本当に、全部確認したの？　本当に満足してる？　どの質問にもまともに答えられない。無力だ。これ以上時間もないし、今のわたしにできることもない。だから、「完成した」と思うと、憂うつな感情が押し寄せてくるのだろう。これがわたしのベストだから。これがわたしの限界だから。

　『成功したオタク』をわたしの次にたくさん観たのは、姉だ。姉は、わたしだけが知っているはずの非常にささいな

違いもちゃんと見つける。飽きてもおかしくないのに、いつもわたしのそばに座って1時間半集中して映画を観る。そして、ここは笑ってほしいと思うシーンで、必ず笑う。毎回必ず。それがすごくありがたい。背中を押された気分になる。以前、こんなことを言う人がいた。「自分を信じられないなら、自分を信じてくれる人を信じなさい」と。姉はわたしにとってそんな存在だ。子どもの頃から99%好みが同じ。わたしの「笑いのツボ鑑定士」。誰かが励ましてくれても、素直に受け止められなかったこともあったけど、今回はただ信じてみようと思う。この作品はいける。セヨンは絶対にいける。何がどういけるのか、よくわからないけど、ただ「いける」と信じさせてくれる、姉の言葉を。姉の愛情を。

まれな日々

　釜山国際映画祭で、まだ『成功したオタク』のプレミア上映をしていないにもかかわらず、プログラムノートが公開されたとたんにインタビューが4つも決まった。配給会社を通じて、さらに3社からインタビューのオファーがあった。みんなが期待し、好感と関心を寄せてくれるから、つい浮かれてしまう。妙な気分だ。すべてが幻想のようで……。ハハ。気を配るべきこともたくさんあるし、スケジュール調整も大変だ。幸せだけど、消費されるような感じもぬぐえない。「誰々のファン」としてばかり名が知れてしまったら、次の映画がやりにくくなるかもしれない。考えすぎだと言われるかもしれないが、とにかく、これが本音だ。ふぅ…期待作だ、話題作だという声が、すべて怖く、プレッシャーだ。

　公開されたら叩かれてばかり……なんてことに、どうかなりませんように。

貴い経験

　本当に、一生忘れられない瞬間の数々。何よりも、観客の方たちの話、笑い声、上映中にもれるため息や拍手の音が、すごく感動的だった。とても貴い時間をプレゼントしていただき、これまでの苦労がすべて報われた気がした。わたしの人生で、こんなに愛される映画をつくることは二度とできないかもしれない。幸せだ。

ファン

　映画館を移動してソウル独立映画祭で『成功したオタ
ク』の初上映を待っていた時、ある観客に「ファンです」
と言われた。気恥ずかしかった。釜山独立映画祭のGV
[「Guest Visit」の略で、「観客との対話」のこと。監督や俳優
が登壇する舞台あいさつのようなもの]で、ある男性の観客
から「監督にも、監督の作品にもファンができましたが、
これからどのように生きたいと考えていますか？」と質問
されたことを思い出した。そのときわたしは、悩んだ末に
足をぶるぶる震わせながら「清く正しく、まっすぐに生き
ていきます」と答えたのだった。そう、『成功したオタク』
のファンを「失敗したオタク」にしてはいけない。とにか
く、今日、「ファンです」と声をかけてくれた方は、『成功
したオタク』を3回も観に来ているので、顔も名前も覚え
ている。

　ファンとは何だろう。いろいろな人のファンになった経

験はあるけれど、自分にファンができたのははじめて。映
画を上映するたびにたくさんの方たちにサインを求められ、
友だちに「人気者だね」「スターだね」とからかい半分で
言われたが、わたしは「ファンができた」と思ったことは
なかった。ところが、今日会った方は、どうやら本当にわ
たしのファンのようだ。これまで会った場所は、釜山、
光州、ソウルだが、住んでいるのは全羅北道・群山だとい
う。映画を観るためにあちこち行くのが趣味なのかと尋ね
たら、「こんなことをするのははじめて」と言った。受賞
を祝うために、群山からたくさんプレゼントを抱えて来て
くれた。……涙。

　その人と会ったせいか、映画を観ながらさまざまな思い
が脳裏をよぎった。わたしはどう生きるべきか。その人の
ために何ができるのか。GVでくだらないジョークを言っ
たら、どんなふうに感じるだろう。毎回同じ映画を観て、
似たような答えを繰り返すGVに参加してビクビクしてい
るわたしにサインを求めながら、遠くから駆けつけるため
に使った時間と体力、お金は無駄だったなんて思っていな
いだろうか。

　考えにふけっていたせいか、観客の反応がよく聞こえず、
ちょっとどんよりした気分になった。今日、急に余ったチ

ケット1枚をTwitter（現X）で譲ったところ、上映開始まで1時間を切るなか、タクシーで30分かけて会場にかけつけた観客がいた。その人のことを思うと胸が痛む。釜山ですでに観ていたけれど、どうしてももう一度鑑賞したいと、飛んできたそうだ。ありがたいことなのに、わたしは申し訳ない気持ちでいっぱいだった。

　GVでも「もっと慎重になるべきでした。これらは、もっと慎重になりたいです」と語ったが、おそらくわたしは映画自体というよりも、自分の姿勢について話していたのかもしれない。ファンができるのはとてもありがたく不思議なことだが、少し申し訳ない気もする。ああ、本当にそう感じるのだ。

おばあちゃん

　おばあちゃんにこう言った。「わたしがつくった映画を観なきゃ」。おばあちゃんはこう言った。「わたしがいなくなっても、頑張らなきゃ」。で、なんで本当にいなくなっちゃったの。おばあちゃん。会いたいよ。

無題５

　最近はそれでも、お金以外は特に心配なことはない。全部うまくいく予感がする。とりたてて恐れることもない。あ、あるかも。あったとしても、とりあえずやってみればいいと思う。うまくできても、できなくても、それを認めて次のステップへ進むのが重要だろう。時は止まらないから。流れつづけるから。

　時の流れに乗って、わたしも過去から遠ざかるべきだ。でも仕方なく過去を語らざるを得ない時間のなかで生きている。バランスをうまくとりながら、現在と未来にもっと思いをはせないと。今年の冬はすごく寒い。でも、こんなにも心あたたまる冬ははじめてだ。昨日は、大好きな友だちが映画を観るために遊びに来た。あ、昨日じゃなくて、おとといだったかも。仕事でつながって、応援に駆けつけてくれた人もたくさんいる。本当にありがたいことだ。感謝の言葉を言う以外、何かできるわけでもなく（キスする

わけにもいかず）、どうやってこの思いを伝えればいいのか、よく考える。映画を公開してからまだわずか2か月だけど、すごく長く感じる。年を取ると時の流れが速くなる理由は、新しい体験をしないからだという。だとすれば、わたしのこの2か月間は、まるで生まれたばかりの赤ちゃんのような日々だった。今は、じっくりと今後の計画を考える時期だ。積読状態の本を、今週から少しずつ読もう。読書の時間をつくらないと。計画性のない人生もやめなきゃ。読書会を開くのはどうかな。ねえみんな、年末に一緒にお酒でも飲もうよ。書いているうちに、眠くなってきた。

ふと思い出す
ある日のこと

　『成功したオタク』の釜山国際映画祭での2回目の上映日。母と姉が観に来て、ちょっと緊張した。実は、緊張するとわかっていたから、プレミア上映のときにはふたりを招待しなかった。うーん。上映前に友だちと一緒にいるところに、母がやってきた。なぜかその日に限って母のことが恥ずかしかった。落ち着かない雰囲気のなか、母がしきりにジョークを飛ばすのが受け入れられず、ずっとしかめっ面をしていたのを思い出す。

　上映後もあわただしくて、家族を気遣うことができなかった。「控え室に行こう」と言ったけど、聞こえていたのか、聞こえていなかったのか。訪問客用の控え室で友だちと写真を撮ったり、おしゃべりをしたりしていたら、母が来た。母は、次の映画を観に行くところだった。
　母がわたしをぎゅっと抱きしめた。抱きしめたかった、と言った。「頑張ったね」だったか、「偉かったね」だった

のか。お祝いの言葉ではなかった気がする。ただわたしを
ぎゅっと抱きしめた。すごく力強く、とても母らしく。そ
の日の夜、母は突然ぎっくり首になって、翌日以降の映画
鑑賞の予定をすべてキャンセルした。

　それはともかく、母が抱きしめてくれたあの日のことを
ふと思い出すと、胸がいっぱいになる。100個の言葉より
も、母のハグのほうがずっと意味があるから。これからも
映画をたくさん撮って、プレミア上映に母を招待したい。
姉と一緒に。

『成功したオタク』と
ともにした旅

　全羅北道・茂朱（ムジュ）に行ってきた。『成功したオタク』が劇場公開される前に参加した最後の映画祭だったので、なんとなくうきうきした。振り返れば、『成功したオタク』とともに本当にいろいろな場所を旅した。釜山からはじまって、姉とナヘさんと光州、再び釜山、そしてソウルへ。ヘヨンさんと一緒に済州、仁川（インチョン）、ソウルに行き、姉と木浦、ソンイさんと大邱（テグ）、ソウル、イタリアのウーディネ、そして今回は茂朱に。1本の作品がもつ力について考えた。映画は、わたしが行けない場所も訪れ、わたしが会えない人にもふれられる。わたしたちの映画。『成功したオタク』が誇らしい。

　茂朱映画祭は、まさに映画のお祭りという雰囲気だから、母と行きたかった。思えば新型コロナウイルス感染対策として行われていたソーシャルディスタンスの措置が解除された後、観客がぎっしり入った会場で上映されるのは、は

じめてだった。わたしは『成功したオタク』を誰よりもたくさん観ているので、今回はもういいかと思ったけれど、最後かもしれないので、そのまま会場に残ることにした。観てよかった。以前ほどドキドキしなくなったけど、やはり観客のリアクションが気になってしまう。ここでこんなに笑いが起きるんだ。あれ、ここで何の反応もないのはなぜ？ 観客とともに映画を観るたびに、こんなことで頭がいっぱいになる。

　でも、今回はそんな思いにふける暇もなかった。わたしがつくった映画を観て、みんなが笑い、拍手をし、ため息や悪態をついたりする。こんなに生き生きとした現場に一緒にいられるのが、うれしくて、楽しくて、そして泣きそうになった。ありがたかったからか、胸がいっぱいだったからか。みんなが笑うとき、わたしはこっそり涙をぬぐった。隣に座っていた母に気づかれるのが恥ずかしくて、泣いてないフリ、エアコンが寒すぎて鼻をすするフリをした。感動した。ありがとう。わたしの経験をあたたかく受け入れ、愛していてくれて。そして、この映画とともにした旅について考えた。わたしは『成功したオタク』のおかげで新しい人にたくさん出会い、本当にいろいろな体験をした。そして、この映画によって多くを学び、成長した。苦しく

疲れる日もいっぱいあったが、それをはるかに上回るすば
らしいことを得た。

『成功したオタク』という映画を一番嫌いな人も、一番好
きな人もわたしだ。ところが、ひょっとすると今では、
『成功したオタク』を一番好きな人はわたしではないかも
しれないという、うれしい夢を見た。この夢が本当に、ガ
チで叶うことを願っている。

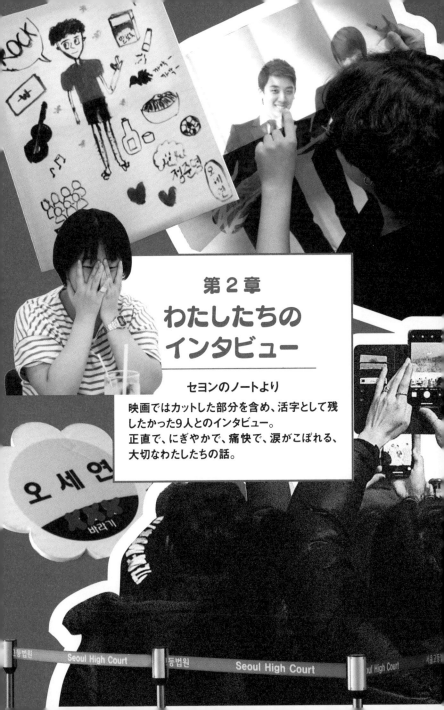

第2章
わたしたちの
インタビュー

セヨンのノートより

映画ではカットした部分を含め、活字として残したかった9人とのインタビュー。
正直で、にぎやかで、痛快で、涙がこぼれる、大切なわたしたちの話。

개한테
팬이라는 건
뭐였을까?

무지개인 줄
알았는데
신기루였다

팬들도
피해자인 것
같아

내 마음 속의
유죄라고

덕질은 그냥
행복한 거야

아무튼 뭐
잘해보세요

불안하지만
일단은 믿어

가장 상처받은
사람은
본인이에요

사람 보는
눈도
유전되는 걸까?

あの人にとって、
ファンとは
何だったのか？

ウンビン

推し活で出会った友人。またの名をドクメ [덕메 韓国語で推し友、オタ友の意味]。約7年間、チョン・ジュニョンが好きだった。人生の3分の1を超える時間だ。「若者から母親世代まで、日々大勢の女性ファンと接しながら一体どう思っていたのか。この人にとってファンとは何なのか?」「7年間、好きだったんですよ。7年もあの人を見守って、曲を聴いて、会いに行って。それがわたしの日常からなくなってしまったから、これまでの日常が崩壊してしまった気がする」。淡々とした口調で自分の気持ちや、"推し"への疑問を投げかける。

—— インタビュー日 2019年11月19日

ウンビンの日記より

忘れなければいけないと分かっているし、もう考えたくない
のにわたしの頭の中はあなたでいっぱい。

「大丈夫」と周りの人に言いたいけど、実は全然大丈夫じゃ
ない。元気を出したいけど元気が出ない。よりによって今、
わたしは19歳。

環境や友人関係が変わる時に、わたしの日常の大部分を占め
ていたあなたが混乱を引き起こしたのは偶然なのだろうか。

何はともあれ確信しているのはあの出来事のせいで、わたし
が少し変わるということ、変わりはじめているということ。

ウンビン　うまく話せなかったらどうしよう。

セヨン　　リラックスして。気楽に話せばいいよ。まずは自己紹
　　　　　介から。

ウンビン　アンニョンハセヨ。わたしは19歳、来年20歳にな
　　　　　るキム・ウンビンです。

セヨン　　わたしたちはどこで出会ったっけ？

ウンビン　2013年に釜山で行われたファンサイン会ではじめて
　　　　　会いました。

セヨン　　チョン・ジュニョン（以下J）に沼落ちしたきっかけ
　　　　　は？

ウンビン　『スーパースターK4』［2012年にMnetで放送された
　　　　　韓国の人気オーディション番組『スーパースターK』のシ
　　　　　ーズン4。チョン・ジュニョンは3位になった］の初放

送を見て惹かれました。

イケメンで性格も魅力的だったから。

完全にハマって……今まで。やだ、「今まで」じゃないよ。

今までじゃなくて、あの事件がはじける前日まで。

セヨン　ウソだ。事件を知った日、メンタル崩壊してたじゃん。あんな事件が発覚するなんて思いもしなかったのに、前日に気持ちの整理をしたなんてありえないでしょ。正直に話そうよ、正直に。何年好きだった？

ウンビン　7年！　7年間好きでした。

セヨン　10代の大部分をJのファンとして過ごしたんですね。では、2016年のつらかった時のこと［2016年8月、チョン・ジュニョンは元交際相手A氏の身体を許可なく撮影した疑いで告訴されたが、同年10月にソウル東部地検刑事3部は「嫌疑なしと結論付けた」と発表した］を聞かせてください。

ウンビン　あの頃はJが大好きだったので、違法撮影事件を知って「やだ、どうしよう。オッパが大変なことに」とパニックになりました。でも30分後には「嫌疑なし」という記事が出ましたよね。なのに、みんながあの人を容疑者だと決めつけているようで苦しかったです。それから3日間、まともに食事もできませんでした。じっとしていても吐き気がして……。ものすごくつらい思いをしました。

セヨン　あの時、「マムズタッチ」［韓国のバーガーとチキンのチ

ェーン店］でわたしと会ったのを覚えてる？

ウンビン　そうでしたね。セヨンさんの学校とわたしが通っている教会が近所で、マムズタッチで会ったんです。とりあえず何か食べようと注文したけど、まったく食べられなかった。ただ「どうしよう、どうしよう」と言いながら、4時だか5時に開かれる記者会見を一緒に見ました。

セヨン　あなたが思うJはどんな人だった？

ウンビン　憎めない人……。

セヨン　憎んだことがないよね。事件の前は。

ウンビン　ファンをガッカリさせるような言動は多々ありました。だけど人を惹きつける魅力的な性格なんです。「でも、やっぱり好き！」と思いながら推し活をつづけてきました。性格や生き方に「ああなりたい」と感じる部分がたくさんあって。したいことは周囲の目を気にせず実行する性格ですよね。

そういうところに憧れたんです。あの人にしかない奔放さ、堂々としているところ、人目を気にしないところが魅力的に見えました。

セヨン　ファンだけが知っている部分もあるよね。

ウンビン　すごく寂しげで、少しかわいそうに見える時がある。あの人独自の感性は、ファンにしか分からないと思います。声に潜む悲しみだとか、歌に込められたものは……シリアスで暗くて、マイナーな感じ。そういうところが他の人とは違うと思います。

セヨン	あの人から影響を受けたことはある？
ウンビン	まずは先ほど話したように、性格ですかね。人目を気にせず奔放なところ。同じように生きる努力をしたわけではありませんが、見ているうちに似てきたような気がします。
	あとは聴く音楽、そして行きたい国です。子どもの頃からJを通して知ったから。
	そういう面で影響をたくさん受けました。
セヨン	Jの出身地は？
ウンビン	ジャカルタ。
セヨン	Jがテレビで披露したタガログ語は？
ウンビン	Huwag mo akong papatungan［俺に構うな］
セヨン	オーケー、オーケー。推し活って、あなたの人生においてどんな意味があったと思う？
ウンビン	うーん、まず推し活というのは芸能人を好きになることですよね。
	面識のある人ではなく、ただテレビで見た人を好きになったわけだけど、情熱的な片思いを経験しました。彼がどう暮らしていようが、裏で何をしていようが関係ない。自分が見た彼の姿以外は無視し、応援し、慕い、前途を祈りたい。そして力になってあげたい。そんな片思いをした時期でした。
セヨン	片思いと推し活の違いがあるとすれば？
ウンビン	片思いは、そばにいる人に恋することでしょ。
	だから、何かを差し出せば相手もお返しをくれたり受

110

け取るのを拒んだりするけれど、推し活は完全に一方的な愛ですよね。

芸能人もファンに「愛してる」って言うけど、相手はすごくたくさんいる。片思いは1対1の関係。それが違いますよね。推し活で経験する感情は、人生において得がたいものだと思います。

セヨン　ウンビンはJ以外の推し活をしたことがある？

ウンビン　いいえ。

セヨン　今後は？

ウンビン　しません。

セヨン　少し重い話をするね。

2019年の春にあなたと久しぶりに連絡を取ったでしょ。あの時、電話で何を話したか覚えてる？

ウンビン　「グループチャット事件」が表沙汰になったのに、まだ少し未練と恋しさが残っている時期でした。セヨンさんに「無気力状態だ」と話した記憶があります。「気力がなくて何もできない」と。7年間Jのことが好きで、それがわたしの日常だった。Jを追いつづけて、会いにも行った。なのに、その人の存在が人生から消えてしまったから、日常がガラガラと崩れ落ちたように感じました。

セヨン　「グループチャット事件」を知った時はどう思った？

ウンビン　「バーニング・サン事件」がニュースになった時、心の準備はしました。

V.Iと親しいから、関わっていないはずがないと思っ

たんです。でもあの人の名前は出てこなくて、なぜだろうと思いました。

その後「グループチャット」のことが発覚して、「オーディション番組出身でバラエティでも活躍していた歌手A氏」がやり玉に挙げられました。その時、察したんです。やきもきしていたら、翌日の夜のニュースで「J」と名前が明かされました。

「ああ、結局バレたか」と思いました。エネルギーが尽き果てましたね。何の感情も湧きませんでした。あの人はこれからどうなるんだろう？ とも……。本当に何も考えられませんでした。

セヨン　Jをいつからいつまで好きだったのかと聞いた時、「事件がはじける前日まで」と言ってたけど、7年も好きだったんだから簡単に気持ちの整理はできないよね……。

当然だよ。

ウンビン　事件が発覚して、ネットはその話題で持ちきりだったでしょ。わたしも記者になったつもりで事件を整理してみようと思いました。あの人たちが犯した罪を正確に知りたくて。でも騒ぎが収まりJが捕まると、怒りよりも「なぜこんなことになったのか」「一体どんな人生を歩んできたのか」と考えるようになりました。次々と記事が出ていた時は、それを読みながら以前のようにJのことを考えていたけど、収まったら虚しい気持ちになったんです。「日常が消えてしまった」と

いつも感じていました。そうして月日が過ぎ、時には恋しくなることもありました。時薬というものが何か、身に沁みてわかりましたね。忙しく過ごしていたら徐々に忘れたんです。昔は本当に「あの人がいないと生きていけないかも」と思っていたのに、こうして忘れられてむしろよかったのではと思うようになりました。

セヨン　2016年に会った時もJが問題を起こした後だったでしょ。「嫌疑なし」と発表されたけど、記者会見が開かれる前から、わたしたちは潔白を信じてた。だからマムズタッチで泣いて大騒ぎしたよね。あの時はどんな気持ちだった？

ウンビン　悔しかったです。絶対に違うと思ったし、本当にムカつく、「マスゴミ」のせいだ。そう思いました。守ってあげたい、悔しさを晴らしてあげたいと思っていましたね。そんな人じゃないのに、なぜ記事を出して悪評を広めるのか。そういう思いが強かったです。

セヨン　信頼してたってことかな。

ウンビン　信頼というよりは情。情が湧いたんです。デビュー前から見てきたから。音楽活動だとか、人生を応援してあげたいと思っていました。

セヨン　「グループチャット事件」が起きてから、いろんな感情が湧き上がったのでは。

ウンビン　グループチャットの存在自体が衝撃でした。タチの良くない人たちと仲がいいのは、噂やインスタグラムの

動画で見聞きしていたけれど、あんなものでつながっているとは想像もしませんでした。グループチャットのトーク一つひとつが衝撃でしたね。あんなグループチャットで、あんな話をしていたこと自体が。

派手に遊んでいることは知っていたけど、あそこまでひどいとは想像もしなかった。だから記事を読んで裏切られたと感じました。「多くの女性ファンがいるのに、裏でこんな話をしてたの？」と。「僕は正直で、人に迷惑をかけるのが嫌いです」と言っていたくせに、人に危害を加えていたわけじゃないですか。それまでテレビで見ていた言動が全部ウソだったということが、一番大きな裏切りだと感じました。生活が乱れていてもウソはつかないと思っていたし、正直な人だと思っていたのに。

思えば3年前に記者会見で読んだ反省文も、何もかもウソだったんですよね。それに傷ついた……というのは少し違うかな。裏切られたと感じました。

セヨン　この前の裁判［2019年11月］で検察はJに7年を求刑したよね。

どんな気持ちだった？

ウンビン　すごく嫌な気持ちになりました。リアルタイム検索に久々に3位にランクインしましたよね。「何だろう？」と思って見たら、「7年求刑」という記事でした。事件が起きてつらかった時、わたしは大学に入ったばかり。でも、もうすぐ1年生も終わるし、Jは7年を求

刑された。月日が経つのは本当に早いなと思いました。わたしはずっと忙しく過ごしていたけど、心のなかのあの人の姿は、昔のままでした。表舞台から消えたから。それが悲しかったです。わたしのファン歴と同じ7年を求刑されたことも。

まあ、ただの偶然ですけど。

通常、検察の求刑より判決は少し短くなりますよね。それでも7年を求刑されたということは、すごく悪質な犯罪なのだなと思いました。「あんたはもう芸能人ではなく、犯罪者だよ」。そんな言葉が脳裏に浮かびました。

セヨン　今でも彼の曲を聴いてる？

ウンビン　最近はあまり聴きません。でも「共感」だけは好きで……。再生リストに入っているので時々聴きます。「いい曲だな」と思いますが、たまにしか聴きません。

セヨン　「グループチャット事件」の後、トラウマみたいなものはある？

「当分引きずりそうだな」と思うこととか。

ウンビン　2016年の事件以来、リアルタイム検索でJの名前を見るたびにビクッとするんです。

「うわっ、何ごと？」とすぐにサイトに飛んで確認します。そういうトラウマというか、癖がついてしまいました。一番ショックだったのは、違法撮影です。彼の真意について、改めて考えてみました。ファンに対する思いについても。

Jは『スーパースターK4』の時から「ペンパル」[팬
빨 高い順位を保っているのは熱いファンのおかげという
意味] と言われるほど、女性ファンが本当に大勢いま
した。ファンのおかげで成長できたし、ファンがいた
から今までやってこられたのだと思います。

大部分が女性ファンで、中高生もいたし、母親世代の
人もいました。日々女性ファンに接しながら、裏では
女性に対して犯罪行為をしていた。一体わたしたちを
見ながら何を思っていたのか。

あの人にとって、ファンとは何だったのか？ そんな
ことを考えました。

セヨン　あの人を待ちつづけているファンについてはどう思
う？

ウンビン　それぞれの理由があるから批判はしません。

でも時々ファンサイト見ると、「今日も画像をアップ
します」「恋しいです」「ちょっとした過ちなのに大ご
とになった」などと言っている人がいるんです。それ
はおかしいと思います。以前のJ、芸能人であるJを
待ちつづけるのは間違っています。

なぜならあの人は多くの人に被害を与えた犯罪者です。
以前のままの芸能人として見て、「応援しています。
待っています」と言うのはありえないでしょ。被害者
に対しても失礼です。それに違法撮影という犯罪を軽
く考えすぎだと思います。

でも待つこと自体は悪くありません。

罪を償い謝罪したら、その後は応援しても待ってもいいと思います。わたしも好きだったから理解できます。罪を償って世の中に出てきた時、もしファンがまだ残っていたら、あの人にとっていい人生と言えるかもしれません。

セヨン　こんな状況になったけど、あの人に対して望むことはある?

ウンビン　粘り強く耐えてほしいです。
自分が犯した罪をしっかり認識してほしいという意味です。今までさんざんいい思いをしてきたわけですね。罪を犯しておきながら。
芸能生活と比べたら刑務所暮らしはまさに地獄でしょう。自分がどれほど悪いことをしたのか、どれだけ多くの人を裏切ったのか痛感しながら生きてほしいです。そして被害者の方たちには申し訳ありませんが……今は不幸でも、最終的には幸せになってほしいと思います。

セヨン　なぜあの人の幸せを願うの?

ウンビン　なぜでしょうね……。
(ウンビン、考え込む。無言になる)

セヨン　どうしたの、ぼんやりしちゃって。そろそろ終わりにしよう。

ウンビン　では最後にひと言。わたしたちはもうファンではありません。

虹だと
思っていたのに、
蜃気楼に
すぎなかった

タウン

映画『成功したオタク』の助監督。釜山とソウルを行き来しながら映画に関わる仕事をしている。顔見知り程度の間柄だったタウンに「映画製作に参加しないか」と提案し資料を渡した時、返ってきた言葉が衝撃的だった。「わたしはV.Iのファンでした」。V.Iのソロ・スペシャル・エディションとして限定発売されたアルバムを持っているほど熱烈なファンだった。しかし、今のタウンにとってV.Iは「虹だと思っていたのに、蜃気楼に過ぎなかった」という存在だ。

―― インタビュー日 2019年11月28日

セヨン タウンさんは、わたしが「失敗したオタク」だと知った時、どう思いましたか?

タウン その質問はウケますね。セヨンさんから映画製作に参加しないかと誘われた時、「わたしの超得意分野だ」と思いました。そしたらセヨンさんが (自分が出演した) バラエティ番組『カン・ホドンの星に願いを』を見せてくれたんです。あやうく「釈迦に説法」になるところでしたよ。その映像だけで企画意図が理解できました。

セヨン タウンさんが思うV.Iはどんな人ですか?

タウン 一番の魅力はチャレンジ精神があるところです。気後れしないんですよ。だけど、そのチャレンジ精神で何をやらかすか分からない。とんでもないことにまで挑戦してしまうんです。

V.Iはありとあらゆる自己アピールをしてきました。バラエティ番組で「僕は光州の息子だ」とか、「グループでは末っ子だけど、実家では家長だ」とかよく言っていましたね。そういう積極的なところがとても好きでした。セヨンさんがJに惹かれたのと似てるかも。芸能人っぽくない、飾らない魅力をV.Iに感じたんです。

若くてキュートだったし。それも大きなポイントだったと思います。

セヨン V.Iから影響を受けたことはありますか?

タウン 影響と言えるか分からないけど……『BIGBANG TV』という番組で、あの人がコンサートの休憩時間にバナナを食べながら言ってたんです。

「バナナは満腹感を得られるから、こういう時にピッタリです」と。それを見てからマネしてバナナを食べつづけました。子どもだったわたしにはカッコよく見えたんです。フルーツさえも理由づけて食べるのを見て、哲学的だなと思いました。そういうちょっとしたことをマネしていましたね、話し方とか。マネしてバナナを食べていたなんて、笑えますよね。

セヨン　「バーニング・サン事件」を知った時はどう思いましたか。その後の話も合わせて聞かせてください。

タウン　バラエティ番組『シングル男のハッピーライフ』にV.Iが出演して、クラブでDJをしたりビジネスで外国に行ったりする姿が紹介されました。それでV.Iに注目が集まっていた時に事件が発覚したんですよね。最初は「こんな暴行事件があったんだ。何か怪しいな」と思って聞いていましたが、「やばっ！　YG？　V.Iのこと？」とビックリしました。「グループチャット事件」まで表沙汰になった時は、逆に冷静になりましたね。V.Iはバーニング・サンの責任者でしょ。宣伝するときはCEOだと言っていたくせに、被害者が出て責任を取らなければいけなくなったら、「僕はただの客寄せです」と対応したのも笑えました。ずっと観察していましたが、なかでも最悪だと思ったのが、2019年3月に報道された事件追跡番組『それが知りたい』のプロデューサーへの返信です。V.Iはプロデューサーからのメッセージをずっと無視していましたが、「『バーニング・サン事件』につい

てどう思うか」という質問にこう返信したんです。「明らかにプライバシーの侵害だ。個人情報を盗み、公益通報だと世に広められたせいで大ごとになった。僕も被害者だ」と。学がないんですかね。論点がずれてるでしょ。「僕も被害者だ」なんて……。

（タウン、言葉を失う）

事件が隠されていようと明るみに出ようと「問題」として認識しなければならないのに、「バレたせいで僕が被害を受けている」と主張したんです。

この人は自分の過ちのせいで被害を受けた人たちの立場をまったく考えていないんだなと思いました。その人間性にただただガッカリしましたね。あれから半年が経ち、今は何の感情もありません。好意はまったくないし、思い出を振り返ることもないし、腹が立つこともめったにありません。

セヨン 話は変わりますが、オタクを極めた人なら「ファンとして誇らしい」と思った瞬間がありますよね。その頃のことを聞かせてもらえますか。

タウン 『V.V.I.P』［2011年1月にリリースされたV.I初のソロミニアルバム］というアルバムがすごく好きなんです。なぜかと言うと、V.Iが音楽を一番愛していた時期だと感じるから。

キャラを変えるためでもコンセプトを確立するためでもなく、BIGBANGの末っ子ではないV.I自身として音楽

を披露した一番美しい時期だったと思います。

だから『V.V.I.P』の収録曲は全部好きです。

「White Love」も好きだし、「窓を開けて」もいい曲です。掃除しながらいつも「窓を開けて」を歌っていましたね。「VVIP」の振り付けもマネしていました。

最後に「In My World」という曲が収録されているのですが、この曲を知っている人はあまりいないと思います。わたしはこの曲を鬼リピートしました。ファンにささげる曲なんです。自分と愛する人たちがつくった世界で感謝の気持ちを歌っています。

V.Iはデビュー初期からバラードがとても上手でした。あまり知られていませんが、「タウムナル（翌日）」もいい。そういうしっとりした曲が好きでした。

「In My World」には「ファンのみんながついてきてくれてありがたいし、僕もみんなから影響を受けてるよ」というメッセージが込められていて。ファンにとって何よりもうれしい言葉ですよね。存在価値を認識させてくれる曲です。

はじめて聴いた時、なんだかとても癒やされました。わたしに一番大きい影響を与えた曲です。そんなふうにメッセージを伝えられる人に憧れました。

今でも時々聴きます。

セヨン　えっ、今でも？　もしかしてゆうべも聴きましたか？
1か月以内に聴いた？

タウン　プレイリストとかネットで検索して聴きました。V.Iの

ことは抜きにして、曲はずっと好きなんです。

　やだ、何を言ってるの！　それでも聴いたらダメでしょ!!!
危なかった。一瞬どうかしてました。

セヨン　宣伝じゃありませんよね?　じゃあ、次の質問に進みま
　　　　す。事件にショックを受け、V.Iに裏切られたと感じた
　　　　最大の理由は何だと思いますか?

　JもV.Iも最低な男ですが、わたしはJにより強い憎し
みを感じます。

　タウンさんはV.Iのほうが嫌でしょ。

タウン　人はみんな、理想の世界を夢見て生きていますよね。ど
　　　　の国でも子どもたちに「夢を持て」と教育していると思
　　　　います。

　　　　スターはファンにとって夢のような憧れの世界をつくり、
　　　　導いてくれる存在です。

　　　　例えば学校でムカつく先生に暴言を吐かれても、JやV.I
　　　　が「みなさん!　そんなこと気にしないで」と言ってく
　　　　れれば「自分は悪くない」と思えます。「この世界でず
　　　　っと生きていきたい」と思うんです。V.Iは日本のバラ
　　　　エティ番組によく出ていて、すごく人気がありました。
　　　　番組内で韓国をバカにするような発言があると、抗議す
　　　　ることで有名でした。例えば「キムチ」の発音は
　　　　「KIMUCHI」ではなく「KIMCHI」だ、というよう
　　　　に。　好きになった人の言動は支持したくなるじゃない
　　　　ですか。V.Iを心から信頼していたし、将来をとても期
　　　　待していたのに、奈落の底に突き落とされました。虹だ

と思っていたのに、蜃気楼にすぎなかった。だまされたんです。だから裏切られたと感じるし、ものすごく腹が立つのだと思います。

事件が明るみに出なければ、わたしはずっとV.Iを好きだったはず。

あの人たちが見せていた虹がきらびやかだったから、余計に憤りを感じるのだと思います。

セヨン 事件後にできた悩みやトラウマみたいなものはありますか？

タウン マスコミがますます怖くなりました。警戒心が強くなりましたね。芸能界のシステムがつくり出すイメージを警戒すべき。そう痛感しました。消費者が警戒すれば、提供者も緊張するでしょう。

特に女性をターゲットにしたヘイトクライムについては、女性たちがもっと声を上げなければならないと思います。犯罪者をかばって看過したら、女性どころか人類の歴史が退歩してしまいます。

だから、もう少し敏感にならねばと思いました。わたしが神経質なのではなくあの人たちが鈍感なのであり、犯罪行為に傷ついて見て見ぬフリをしてはいけない。むしろ直視し、繰り返されないようにするべきです。以前より注意深くなりました。人を簡単に信じてはいけないと常に思っています。

セヨン 最後に、待ちつづけているファンのことをどう思いますか？

タウン　本当に信じられない……はっきり言ってどうかしてると思います。海外に大勢いるんです。コンサートでもしそうな勢いですよ。マジで。わたしは擁護できません。海外のファンも目を覚ますでしょう。

「早く目を覚ましてください」と言いたいです。映画が公開されたら、袋だたきにされそうですね。怖いです。そういうファンを嫌悪しているわけではありません。

言いたいのは、加害者の態度が重要だということ。本当に申し訳ないという気持ちを持って、心の底から反省するべきです。

ファンが受け入れたら、そういう「消費者」のせいであの人たちは再び過ちを犯すでしょう。また被害者が出てしまいます。それは潜在的な犯罪ではありませんか？犯罪を傍観してはいけないと思います。自分が好きだったものを守るためとはいえ、法的にも道徳的にも間違っていますよね。

はあ……。だから過ちを認めて、好きだったものを手放す必要があると思います。

セヨン　まだ話したいことはありますか？　V.Iに望むこととか。

タウン　この質問をしてください。今、好きな芸能人がいるか。

セヨン　分かりました。今、好きな芸能人はいますか？

タウン　はい。ジャンル別にいます。歌手はHYUKOHが大好きです。俳優はキム・ナムギルがすごく好きです。
　　　　なぜなら、ポジティブなエネルギー……この話をしたかったんですよ。

ドラマ『善徳女王』のピダム役を演じた時から大ファンなんです。全校でピダムのファンがふたりいました。
（大笑いするセヨンとタウン）

セヨン　全校でふたりなら、1対1の対決ですね。

タウン　なぜキム・ナムギルの話をしたかというと、V.Iと並行して好きだったからです。キム・ナムギルは「ギルストーリー」という文化芸術を支援する非営利団体を運営しています。わたしが小学生の時からで、6年くらいになります。

推していたふたりを比べると、キム・ナムギルは俳優の道を着実に歩みながら知名度をポジティブに利用する方法を見せてくれたと思います。V.Iとは違い本業の俳優以外の活動でお金を稼ぐこともなく、ひっそりと芸術活動をサポートしつづけ、貧しい人たちに練炭を届けました。最近バラエティ番組で宣伝を始めたので、知っている人が少し増えたようです。

キム・ナムギルはそのような活動を通して、知名度の正しい使い方を若い世代に教えてくれていると思います。そして世の中にはそういう人もいるから、わたしたちはまた「虹」を見られるのです。

もしもキム・ナムギルまで「蜃気楼」だったら……すごく悲しくなると思います。とにかく、そういう「虹」を見せようとしてくれる人たちが大勢いるということを伝えたかったんです。わたしもそういう人たちのひとりに

なりたいし、この映画にいつかは反省させられるかもしれません。何かを心から愛した人たちが、誰かがつくった「虹」にだまされて「本当は蜃気楼だったのか」と幻滅することがなければいいなと思います。

ファンも
被害者だと思う

スンヒョン

親しい友人。日常的に飲酒運転や暴行を繰り返し、問題のグループチャットに関わったと疑われてSUPER JUNIORから脱退したカンインが"元推し"だった。いわゆる"類友の法則"か、それとも世間に大きな影響を及ぼす公人の犯罪や事件事故があまりにも多いからなのか……。スンヒョンは時に興奮することもあるが、基本的に落ち着いた人だ。だいぶ時間が経ったからなのか、それとも何かをきっかけに過去と決別したのか。スンヒョンは「ファンも被害者だ」と言った。

——インタビュー日 2019年11月19日

スンヒョン　クールに言おう。アンニョン、わたしは24歳、キム・スンヒョン。

セヨン　　あはは。以前わたしがこの映画のことをはじめて話した時、注意深く「わたしもカンイン（以下Ｋ）が好きだった」と打ち明けてくれたでしょ。あの時、どんな話をしたか覚えてる？

スンヒョン　わたしの口から言わせるの？　つらいな……。
　　　　　中学生の時、ドリームコンサートの日に会場に行ったの。ファンが大勢集まって、外でワイワイしてたんだよね。そこでBJ［動画配信者。韓製英語「Broadcasting Jockey」の略語］がファンにインタビューをしていて、わたしも男性BJにインタビューされたの。Ｋが問題を起こした後だったのに、Ｋのファンだと言ってはしゃいでた。何を話したのかは覚えてない。「わあああ！　Ｋ大好き！」みたいな感じ？

セヨン　　Ｋはどんな問題を起こしたの？

スンヒョン　暴行、ひき逃げ。ヤバいでしょ？　飲酒運転もあったし。3点セットで、さんざんやらかしてたような……そう、そうだった。

セヨン　　SUPER JUNIORはメンバーが多いでしょ。13人もメンバーがいる中で、なぜＫが好きだったの？

スンヒョン　最初はドンへが好きだったの。BoAの「KEY OF HEART」のPV［プロモーションビデオ］に練習生だったドンへが出てたんだよね。すごくカッコよくて衝撃的だった。毎日そのPVを500回くらい見て、

E.L.F［SUPER JUNIORの公式ファンクラブ名］になったの。それからずっとドンヘが好きだったんだけど、「Don't Don」でKが丸刈りに変身したでしょ。妙にそれが刺さって……その頃、Kは太ってたのに。みんなは「何あれ？」と言ってたけど、わたしだけが好きになったの。みんなに「変だ」って言われた。ドンヘのほうがビジュアル担当でイケメンなのにって……でもKもビジュアル担当だったよ。

セヨン　　Kのどこに魅力を感じた？

スンヒョン　声。SUPER JUNIORは生歌がヘタだと言われていて、歌に興味を持つ人は少ないけど、Kは声自体がいい。低いハスキーボイスなの。

当時のわたしは中学生だったから、惹かれるのもわかるでしょ。ワルって感じだけど、ツンデレで優しい面もあったから「オッパ……最高……」って思ってた。ウケるよね。

セヨン　　Kのことを何年くらい好きだったの？

スンヒョン　ファン歴は一番長いよ。確か小6から高校生までファンだったけど、4年くらいはKだけを推してた。「最推し」だったよ。

セヨン　　スンヒョンさんが思うKはどんな人だった？　世間のイメージとは違う部分もあるのかな。

スンヒョン　事件の前からイメージは少しずつ悪くなってたよね。バラエティ番組『ラジオスター』にKが出演した時、MCがKのことを「史上初、3つのキーワードを持

つアイドル」とか言ってからかったの。そのキーワードというのが酒、女、もうひとつは思い出せない。とにかく酒と女は入ってた。それを見てちょっとムカついたの。笑いの種にされてる感じがしたから。だけど今思えばMCが正しかった。ため息が出るよ。なんであんな人を好きだったんだろう?

セヨン　推し活は人生にどんな影響を与えると思う?

スンヒョン　総合的に考えると、何かに夢中になれるということはすごくいいことだよね。芸能人を好きでいることが人生の活力になるなら、すばらしいと思う。

何ごとも「過ぎたるは猶及ばざるが如し」でしょ。だから理性を失わず、自分の人生に害を及ぼさなければ、推し活はとてもいいことだと思う。幸せだよね、愛する人を見るのは。

セヨン　今は誰かを推してる?

スンヒョン　今?　今は特にしてない。現実がつらすぎて好きになる余裕がないの。ちょっとしたトラウマみたいなもの。誰かを好きになってもその人がちょっとした過ちをすると、気持ちが冷めちゃう。「ああ、こいつもか」って。だからSUPER JUNIORの後、好きになったアーティストはいない。好感を持つ程度で終わり。あ、だけどトム・ヒドルストンは長いこと好きだった。浪人時代、心の支えだったの。

セヨン　「心の支え」という言葉、どういうことかわかるしすごく共感できるよ。

次は少し重い質問をするね。

KもJのグループチャットのメンバーだったでしょ。その記事を見た時、スンヒョンさんはどう思った？

スンヒョン　最初は見なかった。記事のタイトルだけ見て、「あ……」って固まっちゃった。あれはトラウマになったかも。わたしの美しい学生時代があいつのせいで色あせたんだよ。最初は記事を見ないようにしてたけど、次から次へと出てきて腹が立った。

でもわたしの「元オッパ」だから、結局はクリックして読んじゃったんだよね。

テレビに出てたらやっぱり見ちゃう。推し活をしながら情が湧いたんだよね。「グループチャット事件」は大きな事件で、深刻な問題に発展したでしょ。だから自然と関心を持って見るようになったんだと思う。感想は前と同じだった。「またバカなことをやってるね」。もう驚かなかった。「ああ、ここまでだな」と思った。テレビで「酒、女がキーワード」って言われてたし。それが脳裏に焼き付いてたから、わたしもうすうす予感してたのかも。ファンだから。

セヨン　さっきスンヒョンさんが言ってたように、Kは次から次へと問題を起こしたよね。

最初は信じられないと思ったり、ショックを受けたりしたのではないかと……。当時のことを覚えてる？

スンヒョン　だいぶ前のことだから、何が最初だったのか正確に

134

は覚えてない。

飲酒運転だったのか、飲酒ひき逃げだったのか、それとも暴行事件と飲酒運転が同時だったのか。でも、当時の気持ちは覚えてる。すごくつらかった。SUPER JUNIORというグループが本当に好きだったの。SUPER JUNIORがけなされると、すごく悔しかった。オッパたちの価値をわかってもらえないことが。アーティストとしてイメージが確立されていない状態でそんな事件が起きたから、絶望したよ。すごく悲しかった。犯罪行為をしたんだよ……警察に捕まるようなことを。ショックだった。ファン仲間と電話しながら大泣きしたよ。「信じられない」って。ファンも被害者だと思う。その人を好きだったから。

セヨン　「ファンも被害者だ」という言葉を詳しく説明してもらえる？

スンヒョン　直接被害を受けたわけではないけど、事件に付随する被害というのかな。ある意味、被害者だと思う。ファンはその人が働いた悪事まで支持していたように感じて、ショックを受けるよね。自分自身にも失望してしまう。

推し活には依存性があると思う。楽しいんだよね。例えば、その歌手に会いたいと思うとするでしょ。会いに行ったら、次のステップがある。「また来てくれたんだね」って認知されたいとか。そうやって

発展するから、楽しさが倍増する。わたしみたいに会いに行かない子たちはファンアートのような2次創作にハマったり、ファン同士で交流したりする。そうすると推し活がますます楽しくなるんだよね。充実する。だけど歌手の過ちのせいで、培ってきた楽しみが粉々に崩れてしまった。彼に対して抱いていたイメージが崩れて、失望する。ファンだった自分自身まで嫌になるの。だからファンも被害者だと思う。

セヨン　事件後のKの言動はどうだった？　それを見守る気持ちは？　Kは騒ぎが収まるとまた出てきて事件を起こしてたよね。

スンヒョン　もっと自粛していてほしいと思った。次々と事件を起こすのは反省してないからでしょ。飲酒運転が習慣化してるってことだよね。だから見捨てるしかなかった。だんだん愛情が冷めていったよ。あまりにも事件が多すぎた。高校に入学した頃だったんだけど、2年生の時に自然と彼への気持ちが消えた。少し寂しかったけど。

セヨン　事件後にトラウマみたいなものはある？

スンヒョン　本当に推し活が長続きしなくなった。だから推し活が楽しくない。わたしは推し活自体は好きなのに、推す対象がいない。完璧な人間なんていないでしょ。だけどそういう人を求めてしまう。欠点のないイメージの人を探すけど、見つからない。いないし、完

壁だと信じてもいつかは失言したりするから。

セヨン　　　　男性芸能人の犯罪行為が次々と明らかになって、どう思う？

スンヒョン　　偶像に対する信頼が失われていっていると思う。「あんたたちも同じでしょ。自分は違うって？　お金も持ってるだろうし、人間なんて似たり寄ったりだよ」と思ってしまう。

　　　　　　　あ、だけどパク・ユチョン（以下Ｐ）はショックだったね。好きだったから。ほぼカエル［東方神起のファンクラブ名「カシオペア」とSUPER JUNIOR のファンクラブ名「E.L.F」をかけ合わせた造語。かけ持ちファンを指す］だった。

セヨン　　　　じゃあSUPER JUNIORの推しメンはK、東方神起の推しメンはP？

スンヒョン　　その言い方は嫌だな。でも、そのとおりだね。

　　　　　　　Ｐの事件が発覚した日のことは今でも覚えてる。当時親しかった友人がカシオペアだったの。彼女はわたしの「推し友」だった。

　　　　　　　その子が突然「ちょっと、Ｐが性的暴行だって」とメールを送ってきたの。

　　　　　　　わたしは「えっ？　まさか。デマでしょ」と返信したけど、JTBCのニュースで放送されたんだよね。信じられないと思ったけど、大騒ぎになった。インターネットはその話題で持ちきりになったよ。

セヨン　　　　ＰもＫもそんなことになって、男性芸能人を好きに

なれなくなりそうだね。

スンヒョン　だからイメージを消費するようになった。外国のスターを好きになったのもその影響かも。

セヨン　Kに望むことある？

スンヒョン　ただおとなしく暮らしてほしい。自分を好きだった人たちをこれ以上苦しめず、貯金はあるだろうから静かに幸せに暮らしてほしい。結婚はしてほしくない。おしゃれなインテリアの家で、つらい時はワインを飲みながら映画でも観ればいい。お酒を飲んだら外に出ないで。飲酒運転をするから。通信制大学で倫理の講義を聞くのもいいと思う。こっそりクラブに行ってもいいし、お酒を飲んでもいいけど問題を起こさないで。頼むから。もうさほどショックは受けないけど、嫌な気持ちになる。わたしに不快な思いをさせるなんて、何様のつもり？　あんたはもうわたしのオッパじゃない。イケメンだからって調子に乗らないで。

セヨン　最後に言いたいことはある？　わたしに個人的に言いたいことでもいいよ。

スンヒョン　カメラがあるから取り乱すことはできないね。今思うのは、SUPER JUNIORの活動が平穏であってほしい。ちょっとした情だよ。本当に興味がなくなった。だけど一時は好きだった人たちだから、「わたしに被害を与えるな」みたいな気持ちはなくて、長くつづけてほしい。善良に暮らしながら。

ところでわたしは今までKのファンに会ったこと
がないんだけど、Jのファンもあなた以外会ったこ
とがないよ。

セヨン　　　　そのふたりが友だちとは。

スンヒョン　　だよね、すごいことだよ。パッチワークって、小さ
な布を縫い合わせて1枚の作品にするでしょ。

それに似てると思う。あちこちから集めて、縫い合
わせて、ジャーン！

やらかした芸能人の元ファンの集まり。そんな感じ
じゃない？

セヨン　　　　それがこの映画だよ。KがSUPER JUNIORのメ
ンバーだった期間は14年だけど、問題なく活動し
ていたのはデビューした2005年から2009年半ば
までのたった3年半。残りの10年はほぼ1年半に
一度のペースで問題を起こしてた。

スンヒョン　　ヤバいよね。人を見る目がなさすぎる。セヨンがこ
の映画をつくるのと、わたしが出演した意図は同じ
だよ。正面から立ち向かいたかったの。

同じような思いをしている人は大勢いるでしょ。セ
ヨンと同じような気持ちの人もね。慰めになればい
いなと思うし、恥ずかしがらないでほしい。「みん
なで正面突破しよう」とまでは言わないけど、推し
活をしていたことを後悔しないでほしい。その時は
幸せだったでしょ。わたしにとってSUPER JUNIOR
は大きな存在だった。

本当に、すごく。どれほどかというと、今でもSUPER JUNIORにちなんだIDとパスワードを使ってるの。

セヨン どんなID？

スンヒョン IDはわたしのイングリッシュネームで、パスワードはSUPER JUNIORに関連する単語が入ってる。

セヨン それが何かは教えてくれないの？

スンヒョン パスワードは言えないよ。それと今でも癖が残ってる。「13」という数字に反応するの。SUPER JUNIORは13人だったから。だけどひとりが抜けたから13－1＝0、わたしにとってはもう「無」のようなもの。

セヨン 数学のルールは無視だね。

スンヒョン それが公式だよ。

わたしの
心のなかでは
有罪

ジェウォン

クラブで「柱だと思って」女性の脚を触った某芸能人のファンだったジェウォン。わたしの親しい友人のひとりだ。シラフでは話せないと言うので張り切ってヨーグルトマッコリをつくることにしたが、ミキサーが壊れて大惨事が起きる。そんなショックをよそに、真面目な話をつづけるジェウォン。「忘れたほうが楽なのかも」「お金がもったいない。チキンでも買って食べるほうがいい。アルバム1枚のお金でチキンを1羽分買える」「気候危機をテーマにした歌を歌えとか、飢餓問題をテーマに歌詞を書けとは言わない。ただ彼を好きだったファンたちに恥ずかしくない言動をしてほしい」。事件以来、好きな芸能人はいないというジェウォン。本当に推し活をやめられるのか?

—— インタビュー日 2019年9月18日

セヨン	マッコリを飲まなくても話せるの？
ジェウォン	まいったね、ハハハ。酔って秘密を打ち明けるタイプではないから、大丈夫だと思うよ。
セヨン	正直に言って、あなたが歌手Oのファンだったと聞いて動揺した。「ああ、この子も？」って。似たような経験をしたんだね。
ジェウォン	小学生の時に好きだった男の子がOに似てたの。
セヨン	それで好きになったの？
ジェウォン	うん。
セヨン	じゃあ、小学生の時からファンだったの？
ジェウォン	小学校4年生の時から。
セヨン	いつまで？
ジェウォン	うーん。事件が発覚して好きじゃなくなったけど……その前も少し推し活を休む期間があった。事件が起きて「もうダメだ」って思った。
セヨン	Oってイケメン？
ジェウォン	イケメンだよ。ああ、わからない。ただ好きな男の子に似てたからそう思っただけかも。その子のことが大好きだったんだよね……。だから彼に似ているOを好きになった。
セヨン	Oは入隊したよね。逃げたの？　それとも本来の予定どおり？
ジェウォン	入隊はもともと予定してたんでしょ。ともかく、事件が発覚して「これはダメだ」と思った。犯罪は酔っていたという理由で容認されるものじゃないでし

ょ。それで好きじゃなくなった。彼は柔らかいイメージだったよね。名前もそうだし。あだ名は「豆腐」だよ。豆腐がそんなことをするとは。女性の脚を……わいせつ行為をするなんて！

セヨン　わたしが「無罪だと聞いたけど？」と言った時、何て答えたか覚えてる？「わたしの心のなかでは有罪だ」と言ったよね。

ジェウォン　無罪と聞いて「じゃあ、また推そう」と戻る人もいるだろうけど、わたしたちみたいな人も多いと思う。法律とは関係なく、ただ失望したから。クラブに行くのは理解できる。行ってもいいけど、酔って女性の脚を触ったんだよ。それは事実でしょ。なのに「故意ではなかった」「泥酔していたからだ」と主張した。被害女性が処罰を望んでいないからって無罪になったみたい。判決文を読んだら「行為に悪意はなかった、故意ではなかった」という理由で「嫌疑なし」になったんだって。

わざとではなく、たまたま手が当たったってこと？女性を尊重しない人のことは尊重できないよ。

本当に嫌になったけど、そうならなかった人も大勢いる。

Jを待ちつづけてるファンもたくさんいるでしょ。Jを待つのに比べたら、Oのファンは苦労してないね。

セヨン　Oが事件を起こした後、ファンがOのグループ脱退

を要求する署名活動をしてたよね。ジェウォンも署名した？

ジェウォン　そうだったね。Oが悪いと思ったから、わたしもしたよ。

セヨン　　　それはいつ？　何歳の時？

ジェウォン　高校2年生か3年生の時かな。正確には覚えてない。

セヨン　　　仮にJとOが同じ犯罪行為をしたと記事が出て、ふたりとも「嫌疑なし」になったとする。そしたらジェウォンは、どちらにショックを受けると思う？

ジェウォン　同じ犯罪行為をしたら？　もちろんOだよ。Oのファンじゃなかったとしても、第三者の目から見てJは柔らかいイメージで売ってなかったじゃん。

セヨン　　　ちょっと……。

ジェウォン　わたしの偏見かな？　ごめん。でもOは芸名からしてそうだし、柔らかいイメージを強調してたでしょ。ずっとそういうコンセプトで売ってた。そんな人がそんな犯罪行為をしたら驚くよ。抱いていたイメージとあまりにも違うから。そういうイメージ戦略をせず、ワルのイメージで売ってたらそこまで驚かないかもと思う。

セヨン　　　Oのファンだった痕跡はある？

ジェウォン　このアルバムは大好きだったからとっておいたんだけど、中を見るのは本当に久しぶり。傷がついたりするのが嫌だから、ほとんど開いたことがないの。本当に好きだった。歌がいいの。コンセプトもいい。

このアルバムは明るくて、次のアルバムは対照的に暗いんだよね。昔はもっと詳しく知ってたんだけど、思い出せない。ジャケットもすごくいいでしょ。でももう捨てなきゃ。

セヨン　芸能人の性犯罪が次々と明るみに出て、どう思う？

ジェウォン　なぜこんなに続くのかな。芸能人だから騒ぎが大きくなるんだよね。実際には性犯罪はたくさん起きていて、黙認されるケースも多いのではと思う。芸能人にはきっかけが多いのかな？　きっかけが何であれ、性犯罪は許されないけど。

罪を犯した芸能人を見ると「何をやってるんだか」と思う。ファンがかわいそうだよ。推し活が生きがいの人もいるのに。

ファンに「愛してます」と言うのは口先だけなのかなって思うよ。

セヨン　今好きな芸能人はいる？

ジェウォン　今？　いないね。ちょっといいなと思う人はいても、好きにはならない。

ただ「あの子、ダンスがうまいね」とか「カッコいいね」で終わり。Oのせいだと思ったことはないけど、影響はあるだろうね。推し活がムダだと知ったから。今ではアルバムを買うのももったいないと感じる。どうせ聴かないから。引っ越しの時に捨てるか迷ったけど、このアルバムには愛着があるから持ってきた。お金がもったいない。それならチキンを

1羽分買って食べるよ。

セヨン　　　　なんでチキンなの？

ジェウォン　　アルバム1枚の値段がチキン1羽分とほぼ同じじゃん。

セヨン　　　　ファンだった時のことを振り返って、話したいことはある？

ジェウォン　　他のメンバーは応援したいけど、同じグループにいるから複雑な気持ちになる。メンバーたちは本当に頑張ってるんだよね。

　　　　　　　だけど応援することに罪悪感を覚える。性犯罪を黙認することになるから。「嫌疑なし」になったからって罪を軽く考えないでほしいし、自分の行動が社会に与える影響や責任の重さを認識してほしいと思う。それとバラエティ番組でMCが事件のことを「やらかした」とかふざけて言うのはやめてほしい。すごく深刻な問題だし、被害者は人生を破壊されたかもしれないのに。それを"イジり"に使うなんてありえないよ。

セヨン　　　　まだOのファンは大勢いるでしょ。それについてもう少し話してくれる？

ジェウォン　　うーん、「嫌疑なし」になったから慎重に話さないといけないよね。まず事件の内容をきちんと確認するべきだと思った。記憶が正しくないかもしれないでしょ。だからTwitter（現X）でOの名前を検索してみたの。

そしたらまだ支持しているファンが大勢いた。今年のはじめに検索した時は「性犯罪者」や「わいせつ行為」という言葉が一緒に出てきたの。

でも今は出てこない。みんな忘れてるよ。わたしが神経質なだけかも。

セヨン　　Jも復帰するかな？

ジェウォン　無理でしょ。復帰したらヤバいよ。罪質が違うし。

セヨン　　最後に話したいことは？

ジェウォン　ファンが偶像にハマりすぎて、恥ずかしい思いをしなければいいなと思う。そうならないよう、推し活はほどほどにしたほうがいい。

芸能人に善行を望んでいるわけではない。ボランティアをしろとか、地球温暖化問題をテーマに歌詞を書けとは言わない。ファンに恥をかかせない程度でいいから、言動に気をつけてほしい。自分たちが社会に大きな影響を与えうる存在だということを自覚して。過去を振り返ると、推し活はお金と時間のムダだったと思う。もう二度としない。

推し活は
ひたすら
幸せなもの

ジュジュ

顔も本名も明かさないが、大学のロゴが鮮明にプリントされたウインド
ブレーカーを着てインタビューに応じたジュジュ。口を開けば名言を生
み出す。
「犯罪を犯したことを知ってもファンとして好きでいるのはアリか」とい
う質問に、「気持ちが揺らいでも、何としてもやめるべき。そいつを好き
でいることは社会悪に手を貸すことだよ。哀れむのもダメ。そんなの最
悪だよ、本当に」ときっぱり線を引く。犯罪者になった「オッパ」につ
いて話していた彼女は、ため息をつきながら望みを語った。「電子足輪を
着けてほしい。それか電子腕輪でも電子首輪でも……」。犯罪者には絶対
にお金を握らせてはならない、と言う彼女からは強い意志が感じられた。

——— インタビュー日 2019年11月29日

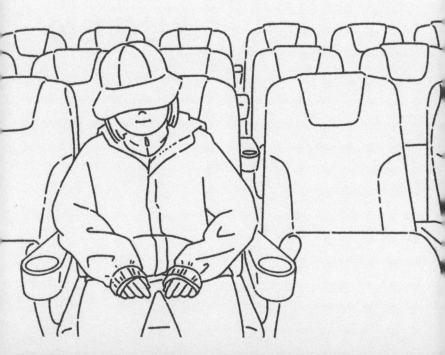

この度は、本書をお買い上げいただきまして誠にありがとうございました。
お手数ですが、今後の出版の参考のために各項目にご記入のうえ、弊社ま
でご返送ください。

お名前		男・女	
			才
ご住所			
ご職業	E-mail		
今後、新刊に関する情報、新企画へのアンケート、セミナー等のご案内を 郵送またはEメールでお送りさせていただいてもよろしいでしょうか？ 　　　　　　　　　　　　　　　　□はい　　□いいえ			

ご返送いただいた方の中から抽選で毎月３名様に
3,000円分の図書カードをプレゼントさせていただきます。

当選の発表はプレゼントの発送をもって代えさせていただきます。
※ご記入いただいた個人情報はプレゼントの発送以外に利用することはありません。
※本書へのご意見・ご感想に関しては、匿名にて広告等の文面に掲載させていただくことがございます。

◎タイトル：

◎書店名(ネット書店名)：

◎本書へのご意見・ご感想をお聞かせください。

ご協力ありがとうございました。

セヨン	最近どうしてる？　日常でも、推し活に関することでもいいよ。
ジュジュ	普通に大学に通ってるよ。推し活はしたくてもできない状況だね。
セヨン	推し活が強制終了することになったんだよね。どんな事件があったの？
ジュジュ	話せば長くなるよ。今年『PRODUCE X 101』[2019年5月3日から7月19日までMnetで放送されたオーディション番組] が放送されると聞いて、すごく期待してたの。わたしはイ・ハンギョルが大好きだから、一生懸命宣伝して課金もした。彼はX1のメンバーとしてデビューしたよ。だけどプロデューサーが順位を操作してたの。警察に連行される写真もネットで広まった。突然、空中分解してしまった感じだよ。
セヨン	推し活を始めてまだ長くないよね。ジュジュさんが思うイ・ハンギョルの魅力はどんなところ？　推し活を始めたきっかけは？
ジュジュ	すごくユーモアがあって、飾り気がないの。アイドルって笑顔を振り撒くでしょ。わたしはそれが苦手だった。「いいな、イケメンだな」とは思っても好きにはならなかったの。だけど、イ・ハンギョルは振る舞いがナチュラルで魅力的なんだよね。 歌ったり踊ったりしている姿ではなく、人柄そのものに惹かれたの。
セヨン	『PRODUCE X 101』で活動していた時は推し活で

忙しかったでしょ。

ファンとしてどんな毎日を過ごしてた?

ジュジュ　『PRODUCE X 101』が始まってからは普通の生活を送れなかった。朝起きたときから寝る直前までスマホを手離さなかった。朝起きたらすぐにファンサイトを全部チェックして、イ・ハンギョルの名前を検索する。悪口を書く人は検索を避けるために「ハンギョル」じゃなくて「ウォンギョル」とか「トゥギョル」と書くの[「ハン」が1を意味するため、「ONE（ウォン）」「TWO（トゥ）」と置き換えて検索防止を図った]。だからその名前でも検索する。悪口を見つけるとテンションが下がるよ。食事をしながらも動画をひたすら再生する。ハンギョルのチッケム[직캠 ひとりのメンバーを追って撮った動画]の順位が下がらないようにするためにね。そして新しい動画を見つけたら、動作の一つひとつを細かく分析する。しぐさや表情をチェックしながらキャプチャーするの。楽しい。幸せ。推し活はそういうものだよね。そしてまたファンサイトをパトロールする。誰かが昔の写真を載せると、ファンは一斉に大げさにリアクションしてほめるでしょ。「トラの赤ちゃんみたい」とか言って。前歯が出てる写真を見たら「ウサギみたいでかわいい」と言う。そしてリツイートしてハートを押して、写真を保存して、ひとりで妄想する。生放送の日が近づくと、居ても立ってもいられないよ。

ハンギョルが落ちるか、残るか。本当に毎日ドキドキ
する。ファンがつくる指標みたいなものがあるの。ハ
ンギョルの今のチッケムやリツイート数、「いいね」
の数などの順位を整理したものなんだけど、それを1
日中見る。そして眠るとハンギョルが夢に出てくるの。
ものすごく幸せだよ。

セヨン　　『PRODUCE X 101』が終わってからはどう過ごし
てたの？

ジュジュ　気が抜けたね。お酒を飲みながら仲間と最終回の生放
送を見た。とてもじゃないけどシラフでは見られなく
て。みんなは疲れて先に寝ちゃったけど、わたしはず
っと眠れなかった。本当に奇跡みたいだったよ。彼の
名前が呼ばれる瞬間を何百回も繰り返して見た。だけ
どすべてが終わったら、すごく虚しくなって。これか
ら金曜日の夜は何をしよう？　日常が空っぽになって
しまったように感じた。

　　　　　それからは……デビューするまで少し時間がかかるか
ら、ただ待ってた。待ちつづけたよ。

　　　　　『PRODUCE X 101』からデビューするメンバーの
目撃談をネットで検索して1日中見てた。頭からつま
先まで、服装や髪型をチェックしてたよ。毎日デビュ
ーのコンセプトを予想しながら過ごしてた。

セヨン　　ジュジュさんの人生に推し活はどんな影響を与えたと
思う？

ジュジュ　推し活は人をすごく好きになることでしょ。好きにな

って応援して、心から相手のことを思う。そういう気持ちを持てるのはすごいこと。だからファンはすばらしい人たちだなと感じる。人を愛して、応援できる気持ちを持った人たち。そう思うと心が温かくなる。ぽかぽか!

セヨン 少し重い話をするね。『PRODUCE X 101』の投票操作問題を巡って、ファンの意見が割れていると聞いたの。ジュジュさんはどういう心情なのか知りたいな。

ジュジュ まず大きくふたつに分けると、「チームを解散しよう」という人たちと「活動を強行しよう」という人たちがいる。もう少し細かく言うと、「操作に関わったメンバーは外してつづけよう」という意見と「もともとデビュー圏内にいた練習生を入れて再構築しよう」という意見があるの。わたしはどこにも属してなくて、ただ結果を受け入れるつもり。なぜなら、どの意見も理解できるから。ひとりの人間ではなくグループの存廃を巡る議論で、複数の利害関係が絡んでる。

だからは下手なことは言えないよ。

わたしのイ・ハンギョルへの気持ちは変わらない。彼がどうなろうとわたしはずっと好きだから、関係ないよ。

セヨン 事件のせいでジュジュさんの推し活は危機に直面したのでは。つらいよね。

ジュジュ うん。X1のメンバーが傷つくと思うと、つらい。

1年近くの時間をつぎこんだんだよ。夢を叶えるため

に、ものすごく努力してた。その時間が水の泡になるなんて、ひどすぎるでしょ。ファンよりも本人たちのほうがずっと苦しい。本当にかわいそうだよ。

わたしはただただメンバーたちが心配。喪失感を抱くし、気力をなくしてしまうよね。

だけど投票操作が発覚してからもコンカ［「公式ファンカフェ」の略。コミュニティーサイトのこと］にメンバーたちがログインしてるの。どんな投稿を見たのかな……。

悪質なコメントがたくさんついた記事がNAVERのメインページに上がってると、すごく悲しい。『PRODUCE X 101』を制作したのはCJという大企業なのに、なぜメンバーたちに矢を向けるの？　メンバーの親も気の毒。生放送の会場に家族を呼んでたのね。それで合格した時とか、順位を発表する時に映してたの。ひどいよね。親の顔まで知れ渡ってるんだよ。家族までもてあそぶなんて、言葉で言い表せないほど憤りを感じる。

セヨン　ジュジュさんが望むイ・ハンギョルの未来は？

ジュジュ　本人が望むように生きてほしい。わたしはあの人を見ているだけで満足。エヘヘ。だから芸能活動はつづけてほしい。そうすればずっと姿を見られるから。わたし、推しを溺愛してるよね。認める。そうなっちゃうよ。推し活の半分以上は称賛。称賛とゴリ押しだよ。推し活を長くつづけるほどゴリ押しがうまくなる。イ

タいことに耐える力も強くなるよ。以前のわたしなら
「イタい、恥ずかしい」と思っていたことも平気にな
った。本当にハンギョルが好き。心からそう思う。何
をしてもかわいいし、見ていて幸せなの。

セヨン　オタクじゃない人はそういう気持ちを知らないよね。
どうすればわたしたちの気持ちをわかってもらえるか
な?

ジュジュ　理解できないと思う。「推し活をしたい」と思って始
める人はいないでしょ。

ある日突然、運命のように推しを見つけて、だんだん
存在が大きくなっていくんだよね。一度でも推し活を
経験した人ならわかると思うけど、そうじゃない人に
わたしたちの気持ちがわかるはずがないよ。

わたしも推し活をする前は、熱烈なファンを不思議に
思ってたもん。「なんで別世界の人間をあんなに好き
になれるのかな?」って。でも今は違う。これは運命
だよ。

運命だと思う。わたし、成長したでしょ?

セヨン　もしイ・ハンギョルが事件を起こしたら、どうする?

ジュジュ　そんなことは起こらないでほしい。絶対に。もし起き
たら、まずは擁護するだろうな。記事のヘッドライン
は信じず、何者かによる陰謀だと考える。そしてどう
すれば自分が深く傷つかずに済むか、みんなにデマだ
と伝えられるかを探る。でももし事実だったら、お別
れしないと。V.IやJのような行為なら、すぐに見捨

156

てる。ガッカリするよね。擁護できないよ。もしわた
しが好きな人があんなマネをしたら……裏切られた気
持ちでいっぱいになると思う。前言撤回して、ファン
をやめるよ。

セヨン　　きっぱりやめられると思う？

ジュジュ　無理だろうね。すごくショックを受けると思う。深く
傷つくし。すごく嫌な気持ちになるだろうな。そんな
ことが起きても好きな自分が恥ずかしくなると思う。
いけないことだとわかってるけど、助けてあげたいっ
てことでしょ。あの人のことを見守ってきたし、よく
知ってると思ってるから。

でも罪を犯したのが事実なら、目を覚まさないと。周
りの人もそう言うはず。気持ちが揺らいでも、何とし
てもやめるべき。そいつを好きでいることは社会悪に
手を貸すことだよ。

セヨン　　男性芸能人の性犯罪が次々と明るみに出たよね。
ハンギョルのファンになることに不安はなかった？

ジュジュ　あったよ。前から不安に思ってた。あるアイドルがサ
イン会に来たファンの顔^{オルビョン}の評価をしてたと聞いたの。
愛情をもらうことしか知らないんだなと思った。ファ
ンに愛を感じているのかさえもわからない。そんなこ
とを考えたよ。あの人たちは自分を好きでいてくれる
人たちのおかげで富と名声を得たんだよね。それを利
用して犯罪を犯すなんて、本当に腹立たしい。

推し活仲間とこんな話をするよ。「あの人も実はヤバ

いヤツなのかも。男なんてみんな一緒だよね」「好き
にならないようにしよう。後で傷つくよ」って。

セヨン　　どうすれば幸せな推し活ができると思う？

ジュジュ　どうすれば？　さっきも言ったけど推し活は幸せなも
　　　　　のだし、方法なんてないよ。
　　　　　推しが引退しないかぎり、または犯罪行為をしないか
　　　　　ぎり幸せな推し活ができる。推しの悪口を言われて悲
　　　　　しくなることもあるけどね。でも顔を見ればすぐに幸
　　　　　せになる。
　　　　　だから推し活は幸せなの。幸せ。楽しい。最高だよ。

とにかく、
まあ頑張って
ください

ヘヨン

BIGBANGのファンだったヘヨン。小さな丸い目で人を罵るのが得意技だ。

「『オッパはクリーンで純粋な人です』と思っていたのに、汚い事件に手を染めていた。それは当然傷つきますよ」「BIGBANGの末っ子メンバーとしてプレッシャーが大きく、苦労もしたと思う。でも犯した罪は償うべき。甘んじて罰を受け入れなさい。代償を払うのは当然だよ」「犯した罪は何をしても消えませんよね。烙印を押されてしまったんです。行動に気をつけるべきだと思います。頑張ってください」。

そう言って犯罪に対する強硬な姿勢を見せるヘヨンだが、話すたびなぜか笑いを誘う。

―― インタビュー日 2020年2月16日

セヨン　ヘヨンさん、なぜこの映画に出演することになったの？

ヘヨン　あなたが熱狂的なファン……アイドルのファンだった人を探してると言うから来たんでしょ。

セヨン　ヘヨンさんは誰のファンだったっけ？

ヘヨン　BIGBANGだよ。

セヨン　BIGBANG沼に落ちたきっかけを教えてください。

ヘヨン　小学校4年生の時、ファン同士の激しい争いがあったの。東方神起派とBIGBANG派。どちらかに属さないといけなくて、仲のいい友だちがみんなBIGBANG派だったから、そうしたんだ。当時のわたしから見て彼らはカッコいい大人だった。何よりもファッションがセンセーショナルだったよね。ハイカットスニーカー、ダウンベスト、モヒカンヘア、ツーブロック。とにかくカッコよくて、曲もすごくよかった。それで自然に沼落ちしたの。BIGBANGのコンサートの日、会場周辺の交通機能は麻痺状態だった。上岩のワールドカップ競技場のチケットも即完売してたよ。

　BIGBANGのファンクラブ名はVIPっていうんだけど、マナーの悪いファンが多いとよく批判されてた。

セヨン　ファンダムにはよくある話だね。

ヘヨン　今思えば、わたしもマナーが悪かった。SHINee WORLDっていうSHINeeのファンとケンカをしたのを覚えてる。SHINeeがデビューした時、スキニージーンズにハイカットスニーカーという衣装だったの。それがBIGBANGとかぶってると言って、VIPがSHINee WORLDに「や

めろ」と抗議したんだよね。それで仲が悪くなった。他の芸能人にもVIPは嫌われてたみたい。時が経つにつれて、わたしはクールになってきた。BIGBANGに彼女がいようがいまいが気にならない。彼らの全盛期はそうだったね。BIGBANGのファンが持ってるペンライトは「武器」って言われてた。

セヨン 今でもよくある話だよ。

ヘヨン そうだね。ファンクラブ会員は若い子が多いから。

セヨン ヘヨンさんは大田（テジョン）に住んでたでしょ。地方だから積極的に推し活をするのは難しかったのでは？

ヘヨン サイン会とかファンミーティングには行けなかった。機会がなかったよ。だけどアルバムが出てコンサートが開かれる時はバスをチャーターして行った。新しいアルバムの曲をMP3に入れて、バスの中でずっと聴いてた。コンサートで一緒に歌うためにね。会場で大合唱したよ。警備員に「静かにしろ」って怒られた。

セヨン 推し活をしていてどんな時が一番幸せだった？

ヘヨン 彼らが歌で期待に応えてくれた時。アルバムの曲が全部いい時。

わたしは基本的にアイドルの曲はタイトル曲しか聴かないの。でもBIGBANGのアルバムはすべて聴く。全部いい曲だから。タイトルじゃない曲のほうが気に入ることもある。頻繁にカムバック［新曲を発表して活動すること］するグループじゃないし、フルアルバムも少なくて事務所の悪口を言ったこともあるけど、曲は本当にい

162

い。そう感じた時が一番幸せだった。それとコンサート
でパロディードラマの映像を見せてくれるの。ファンの
ために。

わたしたちのためにこんなこともしてくれるんだなあっ
て幸せを感じたよ。

セヨン　V.Iは2019年に発覚した大事件の中心人物だったよね。
だけどその前から不安要素は多かった。

一連の事件を見ながらヘヨンさんはどんな気持ちだっ
た?

ヘヨン　BIGBANGが大好きな時期だったら動揺したかも。

だけどその時は冷静な目で見られたから、「これは本当
に許せない」と思った。

前から何度も騒ぎを起こしてたでしょ。所属事務所の
YGも、BIGBANGも。

その度に入隊したり自粛したりして切り抜けてきたよね。

もともと長く活動しないグループだから、不祥事を起こ
しても忘れられやすいのかも。「あれは無罪になりませ
んでしたっけ?　違った?」みたいな。だけどもう

そうはいかないでしょ。以前と違って世間の目もごまか
せない。

セヨン　BIGBANGはV.I以外のメンバーも不祥事を起こしてた
よね。ヘヨンさんが推し活をしていた時にもあった?

ヘヨン　中3の時、他のメンバーの大麻騒動があったね〔2011
年、BIGBANGリーダーのG-DRAGONが日本滞在中に大
麻を使用したとして、麻薬類管理法違反容疑で摘発された。

調べに対し「クラブでタバコをもらって吸ったら、普通のタバコと違う臭いがした」と語り、使用量がわずかだったことなどから起訴猶予処分となった]。当時のわたしは薬物問題を大したことじゃないと思ってた。「知らない人からもらったタバコを吸ったら、実は大麻だった」という記事が出たんだよね。だからそこまで厳しく追及することないじゃん、と思ってた。後になって大麻は匂いが強いからタバコと間違えるはずがないと聞いたけど、当時は知らなかったの。彼は吸ったことは認めたけど、常習性がなく初犯だという理由で処罰は受けなかった。わたしは子どもだったこともあって彼を擁護したけど、他のメンバーがまた問題を起こしたの。交通事故 [2011年、飲酒運転をして転倒したバイク運転手を、乗用車を運転していたD-LITEがひき、その後男性の死亡が判明。D-LITEは書類送検されたが、不起訴処分となった]。

それでBIGBANGにはひどいあだ名が付けられた。わたしは彼らが倫理に反する行為をしたと知りながらも、小学生の時から好きだった芸能人が堕落してしまったことを認めるのがつらかった。だから擁護もしたんだよね。

セヨン そんなことが起きて気持ちがすごく揺らいだと思うけど、それでも好きでいられた理由は何だと思う？

ヘヨン そんなに非難されるほどのことじゃないと思ってた。大麻を吸ったことも、スピード違反をして人をひいたこともちろん悪い。だけど彼らだけが悪いの？　彼に大麻を渡した人も、飲酒運転をした人も悪いでしょ、と。今

思えば恐ろしいことを考えてたね。

何かある度にコンサートに行った時のことを思い出してた。会場で大合唱したわたしたち。アンコールに応えて、何度も出てきて歌ってくれたメンバーたち。そしてグッズ。このグループのために使った時間とお金が汚されるのが嫌で、彼らだけの責任じゃないと思い込もうとしてた。事務所のせいだとも思ったし。だけどそういう感情を抜きにして冷静に考えると、明らかにメンバー本人の過ちだと思う。

セヨン ヘヨンさんはファンがスターを好きになるのは恋愛感情だと思う？

ヘヨン 「アイドル」だよ。その名のとおり偶像に過ぎないでしょ。だから疑似恋愛というよりは、仲のいい"オッパ"みたいな感じじゃない？　だけど親しい友だちから突然「わたし、結婚するの」と報告されたら寂しいと思うでしょ。それと似たような感じじゃないかな。資本主義社会においてアイドルというのは、ただ音楽的才能を発揮する歌手ではないと思う。事務所が提供するオーダーメイドサービスがあるでしょ。アルバム発売をはじめとしてコンサート、ファンミーティング、サイン会で利益が発生するよね。

そういう面から考えても、消費者に対する礼儀は守るべきだと思う。恋愛や結婚をするなとは言わない。でも好きな人がいきなり結婚や恋愛を公表したら、わたしは悲しくなると思う。

セヨン　不祥事が相次いでもナムドル［남돌 男性アイドル。の略語］を推してる人は多いですよね。それについてはどう思いますか。

ヘヨン　魅力的な男性が身近にあまりいないんだよね。アイドルは徹底的にケアをしてるから、まず外見がいい。しかも音楽的能力まで備えてるから、いっそう惹かれるでしょ。男性に幻滅しながらもアイドルが好きっていうのは矛盾してるかも。だけど男性だからじゃなくて、カッコいい男性だから惹かれるんだよね。カッコいいというのは外見だけじゃなくて歌唱力、ダンス、ラップ、頭脳とかも。女性問題に関心を持ちつつアイドルのファンという子は、わたしの友だちにも多いよ。

セヨン　ヘヨンさんはV.I推しではなかったけど、好きなグループのメンバーでしたよね。事件後、V.Iのことをどう思いましたか？

ヘヨン　ずっと不安だったんだろうなと思う。他のメンバーより人気も実力も劣ってたから。
　　　　それでビジネスや外国語など、いろんなものに手を付けたように見えた。日本で食べたラーメンがおいしかったから、その味を紹介したくて韓国でお店を始めたと言ってた。そういう純粋な気持ちでつづければよかったのに、こんなことになってすごく胸が痛む。BIGBANGの末っ子メンバーとしてプレッシャーが大きかっただろうし、苦労したと思う。「罪を犯したのだから甘んじて罰を受け入れなさい。代償を払うのは当然だよ」と言いたい。

セヨン　他に何か話したいことはありますか？

ヘヨン　芸能人は知らず知らずのうちに大衆に影響を与える。ある人のひと言が大勢にいい影響を与える場合もあれば、反対に悪い影響を与える場合もあるから責任感を持たなければいけない。スターになったら快楽ばかりを追い求めず、社会的に正しいことを実現するために努力するべきだと思う。そうすればより健全なファンダム文化が形成され、事件や事故も減るのでは。音楽活動以外も忙しいとは思うけど、健全なアイドルファンダム文化を形成するために努力しなければならないと思う。

セヨン　もうひとつ質問させてください。今でもV.IにBIGBANGのメンバーとしての復帰を期待するファンがいますよね。どう思いますか？

ヘヨン　被害者と同じ女性として、何とも思わないのかな。あなたたちはファンでもあるけど、それ以前に女性ですよね。あなたの周りの女性が権力を持った有名人に搾取され利用され、苦しんでるんですよ。
そういうファンはずっとV.Iをかばいつづけるんだろうね。抜け道を探して。
自分はそんな分別のない人間じゃなくてよかったと思う。

セヨン　BIGBANGもいろいろ問題を抱えていましたね。
グループについてはどう思いますか。

ヘヨン　犯した罪は何をしても消えない。烙印を押されてしまったし。
BIGBANGは要注意人物とみなされてるから、行動に

気をつけるべきだと思う。

昔みたいに、ファンはかばってくれないよ。あ、外国の
ファンはわからないけど。外国のファンは今も優しいみ
たいだね。だけど韓国のファンは違う。事件、事故にす
ごく敏感に反応する。だから気を引き締めて。でもあえ
て……お金は持ってるだろうし……。とにかく、まあ頑
張ってください。

不安だけど
信じてみる

ミンギョン

―― 釜山の水営江(スヨンガン)のほとりを歩きながら

わたしと同じくチョン・ジュニョンのファンだった。過去を振り返り、
お互いの第一印象やファンカフェのニックネーム、一緒に行った旅行に
ついて語る。

チョン・ジュニョン以後の推し活で不安を感じてはいないかという質問
に「いつも不安だ」と答えながらも、好きな芸能人を信じていると言う
ミンギョン。「永遠の憧れになれるのは、この世を去った人」と話す。
「だからチョン・ヤギョン先生［朝鮮時代後期の儒学者］を尊敬する」と
言うミギョンは、少し突飛なところがある。

撮影序盤、チョン・ジュニョンに「死んでしまえ」と言った後「言い過
ぎたかな」とばつが悪そうにしていたが、1年半が経つと「もう怒りす
ら湧かない」と語るのだった。時薬(ときぐすり)とはよく言ったものだ。もちろん時
が経っても、かつて抱いた感情は消えることはないけれど。

―― インタビュー日 2020年11月11日

ミンギョン	チュンネセ！（ミンギョン、セヨンを呼ぶ）
セヨン	「チュンネセ」の意味を知ってる？
ミンギョン	うん。「ジュニョンだけがわたしの世界（쭌영만이 내 세상）」。チョン・ジュニョン（以下J）が歌った「そ れだけがわたしの世界（原題）」をもじったんでしょ。
セヨン	わたしの第一印象はどうだった？
ミンギョン	まだ子どもだったよね。目立ちたいと思う年頃だっ た。わたしも好きな芸能人の目に止まって認知され たいと思ってたから、セヨンがカッコよく見えた。 韓服を着てたでしょ。わたしには思いつかなかった。 それにセヨンは学年1位を取ったよね。わたしは推 し活にハマって、他のことはおろそかにしてた。セ ヨンは同じように推し活をしながら、勉強も頑張っ てたでしょ。学年1位というタイトルが本当にカッ コよかった。あんなふうに目立ちたいなって思った よ。
セヨン	巨済島に行くってSNSに投稿したら、それを見た 人から連絡が来て食事をおごってくれたのを覚えて る？
ミンギョン	うん。「ごちそうしたい」と言って、高級レストラ ンを予約してくれたんだよね。推し活でつながった 縁で食事までごちそうになった。
セヨン	そうだね。すごいことだよ。
ミンギョン	あの時セヨンはギターを弾きたいと言って、「コル ト」のギターを買ったよね。

セヨン	そう。ミンギョンのところに習いに行ったの。
ミンギョン	だけどギターが折れて弾けなくなったんだよね。
セヨン	そう。巨済島に着いてトイレに行った時、ギターを落としちゃった。
	本当のことを言うと、ギターを習う気はなかったんだ。ミンギョンと遊びながら、ギターを持ってJみたいにカッコよく写真を撮りたかっただけ。すごく寒かったのに、Jのマネをして革ジャンを着ていった。ギターケースを担いで、カッコいいって勘違いしてたんだ。
ミンギョン	昔の写真を見ると、わたしはいつも革ジャンを着てこのポーズをしてる。
	「ロックンロール」。
セヨン	そうそう。いつもマネしてた。好きになるとその人をマネしたくなるよね。あの人みたいになりたかった。今思えば笑えるけど、当時はガチだったよね。
ミンギョン	あのころ一番仲がよかったのは、セヨンだった。好きなものをわかち合って、共感できる友だち。今はあの時みたいに共感できる友だちはいない。グループチャットに好きな芸能人の写真を貼っても、誰も共感してくれないよ。
セヨン	Jを好きになったきっかけは？
ミンギョン	『スーパースターK4』は全国民が観てたでしょ。Jをはじめて見た日、その姿が目に焼き付いて離れなかった。目が大きくて背が高くて、すごいイケメン

だと思ったよ。最初はルックスが気に入ったの。だ
けど好きになったらどんどん魅力にハマっちゃった。
ロック・スピリットがあって、歌もうまい。でもわ
たしがJのファンだと言うと、「なんで？」とよく
聞かれたの。バラエティ番組『オルチャン時代』の
イメージが強かったからみたい。「そういう人じゃ
ないよ」とみんなに説明してた。自分の世界を持っ
てるし、音楽活動を一生懸命していてギターもうま
い。中国に留学経験もあるし、お父さんは外交官
［外交官だと噂されていたが、「実際は事業家」とJはバ
ラエティ番組で明かしている］なんだよって。

セヨン　　　あなたが思うJの一番の魅力は？

ミンギョン　人目を気にせず、自分がしたいことを実行するとこ
　　　　　　　ろ。
　　　　　　　当時のJは本当に自然体だった。サンダルを履いて、
　　　　　　　ブカブカのパーカーにトランクスみたいな短パン姿
　　　　　　　で『見えるラジオ』のスタジオに行ってたの。
　　　　　　　他の芸能人とは少し違った。

セヨン　　　だよね。それまで見てきた芸能人は華やかで輝いて
　　　　　　　たから。

ミンギョン　それに憎めない性格だよね。ちゃめっ気もあるし。
　　　　　　　はあ、そういう魅力があった。ウインクもしてくれ
　　　　　　　たし、イベントではファンと駆け引きみたいなこと
　　　　　　　もしてたよね。

セヨン　　　わかる。そういうのが得意だった。それでファンを

魅了してたよ。

ミンギョン　まったく。Jが笑ってくれると大喜びしてた。機械みたいに笑う人じゃなくて、本当に面白いと思った時しか笑わないから。キュンとさせられるんだよね。

セヨン　Jから影響を受けたことは？　今でも残っていることでも、消えたことでもいいよ。

ミンギョン　Jが『見えるラジオ』で歌ってた名曲が今でも好きなの。「序詞」［歌手シン・ソンウが1994年にリリースした曲］とかね。わたしたちの世代の歌じゃないから、Jが歌わなければずっと知らなかったと思う。Jのおかげで「それだけがわたしの世界」や「Mona Lisa」［歌手チョー・ヨンピルが1988年に発表した曲］を知って、今も聴いてる。原曲でね。Jが好きだったYB（ユン・ドヒョンバンド）やレディオヘッドの曲も聴いたなあ。それまで聴かなかったロックや洋楽をよく聴くようになった。今でも好きだよ。それとわたしはギターでJの曲ばかり弾いてた。根気がなかったけど、Jの曲は最後まで弾いたよ。

セヨン　そろそろ重い話に移ろう。「グループチャット事件」が2019年3月に発覚したよね。

ミンギョン　最初は信じなかった。Jは2016年には違法撮影で訴えられたけど、合意のもとに撮影したということで「嫌疑なし」になったんだよね。その時からのアンチが騒いでるのかと思ったの。「まさか、そんな

はずがない」って思った。当時、旅行バラエティ番組の『1泊2日』や『チャンネツアー』に出演してたんだけど、とても感じがよくて。なのにあんな事件が発覚して、ものすごくショックを受けたよ。「もう男なんて信じられない」と思うほどつらかった。

セヨン　証拠が出たから事実だと思ったの？

ミンギョン　そう。証拠があったし、問題になった芸能人たちとつるんでたでしょ。Jがメッセージを送ったという記事を見て、本当にどうかしてると思った。裏切られたと感じたよ。心から信じてたし、学生時代の大部分の時間をJに費やしたのに、その時間を振り返るたびに、犯罪者のことを思い出す。

裏切られた気持ちでいっぱいになったよ。犯罪の内容もおぞましい。人間としてありえない行為だよね。Jは人を欺いたんだよ。ファンだけじゃなく、すべての女性をね。あんなマネをするなんて、世間を完全にナメてるよ。

セヨン　Jに言いたいことはある？　元ファンとして望むことがあれば言ってみて。

ミンギョン　重大な罪を犯したのに懲役5年だって？　まったく理解できない。もっと重い刑罰を受けてほしい。もともと厚かましいヤツだから、5年以内に反省するとは思えないよ。またあの連中とつるむかもしれない。二度と芸能界に復帰しないでほしい。わたしの

前に現れないで。

セヨン　二度と見たくない？

ミンギョン　うん。嫌だね。

セヨン　それでも一時は好きだったから、切ない気持ちにならない？

ミンギョン　全然。好きだったけど、わたしもひとりの女性だよ。切ないなんてまったく思わない。あいつには1ミリも同情できないね。

セヨン　うん。本当にそのとおりだと思う。でもそんなふうに思えない人たちもいるよね。

ミンギョン　正直言ってそういう人たちを見ると「なぜ擁護するの？」と思う。だけど今はかばっていても、そのうち忘れるよ。推し活卒業の過程をたどってるんだと思う。でももしセヨンがそうだったら、わたしは黙ってないよ。

セヨン　何て言うの？

ミンギョン　「セヨン……チュンネセ。目を覚まして。あいつは犯罪者だよ。なぜ擁護するの？」って

セヨン　わたしはもう推し活をできないかもしれない。
裏切られたと思ったから。不意打ちを食らった感じだよ。ミンギョンはそう思わない？
もう芸能人を好きになれそうにないよ。

ミンギョン　うん。そう思っただけでなく、わたしの恋愛観にも影響を及ぼした。公人である芸能人でもあんなことをするのに、バレてもさほど叩かれない一般人はな

おさら信用できないのでは? と思ったの。そして決心したよ。男性芸能人を好きになるのはやめようと。

セヨン その決心は続いてる?

ミンギョン ううん。結局、また好きになった。今はFly to the Sky[韓国のR&Bを中心とする男性ボーカルデュオ。1999年に結成]。ファン歴は6年くらいだよ。Fly to the Skyも不祥事があったけど[2008年に中国の空港での暴行疑惑が伝えられ、2020年には飲酒運転が報じられて謝罪した]、「そういうこともあるかな」と受け入れられる程度だった。Jは許せなかったけど。

セヨン わかるよ。ある人がこんな話をしてた。芸能人を道徳的な物差しでジャッジしすぎではないかと。仮に犯罪行為をしたのがJじゃなくて近所のおじさんでも、罪の重さは同じだよね。

ミンギョン 確かに。そして公人はもっと高いモラルを身につけるべきだと思う。

セヨン そうだね。歌であれダンスであれ、人に見せることでお金を稼いでいるから。今の推し活で不安を感じることはない?

ミンギョン いつも不安だよ。今もね。好きな芸能人のインスタグラムを見ていても不安になる。J以外にも好きな芸能人がいたの。Jほどではないけど、ちょっと好きだったのがカン・ソンフン……[Sechs Kiesの元

メンバー。2019年に元マネジャーらへの傷害および共同強要容疑で送検された]。

セヨン　えっ？　カン・ソンフン？

ミンギョン　パク・ユチョン……

セヨン　マジで？

ミンギョン　それとヨン・ジュンヒョン［Highlightの元メンバー。Jとの1対1のチャットルームで、盗撮映像を共有してもらい、不適切な対話を交わしたとされ、警察の取り調べを受けた］。

セヨン　ちょっと。あなた何者？

ミンギョン　だから友だちに「あなたが好きになった芸能人は全員やらかすね」と言われたの。
　　確かにそうだけど、それだけ男性芸能人の不祥事が多いってことでしょ。

セヨン　そうだよ。悪いのは不祥事を起こす人で、あなたじゃない。

ミンギョン　うん。だからすごく不安だけど、とりあえず信じてみる。
　　自分が好きな芸能人のことは信じてるよ。

セヨン　たくさんの偶像が落ちぶれたよね。大勢から愛され信頼されていた人が、ファンを失望させるような行為をすることをどう思う？

ミンギョン　人間だから過ちを犯すこともあると思う。過ちを犯したからといって、わたしが過去に受けた影響や思い出が消えるわけじゃないでしょ。それは自分のた

めにも大事にしたい。重大な過ちを犯す前の出来事は、ある程度受け入れようと思う。そして新しい偶像を迎えて……この繰り返しじゃないかな。

これは個人的な考えだけど、生きている人は永遠の偶像にはなれないと思う。

例えばわたしが本当に尊敬している人は、チョン・ヤギョン先生なのね。

セヨン　　　　チョン・ヤギョン？

ミンギョン　　うん。朝鮮時代の実学者。もう亡くなった人だよ。チョン・ヤギョン先生は偉大な業績に汚点を残さなかった。だからわたしは先生を尊敬できるの。もしもわたしが先生と同じ時代に生きていて、先生の汚点を知ったら尊敬する気持ちが失われたかもしれない。だから永遠の偶像は故人だけで、わたしたちの偶像はいつ変わってもおかしくないと思う。

セヨン　　　　「成功したオタク」ってどんなことかな？

ミンギョン　　以前は、推しがわたしを知って認めてくれるのが成功したオタクだと考えてた。わかるよね？　いまはそうじゃなくて、推しを通じて自分が成長できるのが、本当に成功したオタクだと思う。遠く離れたところにいても、心からその人の人生を応援できるなら、すごく健全だよね。推し活って、自分が推しの人生の一部になって、それが自分の人生にもなるってことでしょ。推し活は素敵だけど、わたしたちが人間であるように、推しも人間だと心に留めておか

ないといけないと思う。

傷ついた経験があるからこそ確立できた姿勢とでも言うのかな。気持ちと行動が一致しないのが問題だけど。どうしてもかばってしまうよね。好きな芸能人を客観視する必要がある。そうすれば、もっと健康的な推し活を楽しめると伝えたい。

가장 J本人も
傷ついた
ことでしょう

ヒョシル

スポーツソウルの記者。過去の日記帳にパク・ヒョシルという名前を見つけインタビューを依頼。パク記者は快く受けてくれた。「グループチャット事件」の3年前、すでにチョン・ジュニョンの性犯罪に関連する記事を書いていた記者として、事件当時の心境や現在の考えを話してくれた。犯罪者になった芸能人のファンとしてパク記者に謝罪し話を聞くシーンは、映画『成功したオタク』が友人とのおしゃべりにとどまらないということを示している。観客にとっては想定外の重要なポイントだろう。

―― インタビュー日 2020年10月14日

セヨン　　まずご挨拶させてください。オ・セヨンと申します。
　　　　　1年以上ずっと悩んだ末、先月やっとパクさんに連絡
　　　　　することができました。
　　　　　快くインタビューに応じてくださり、とても驚きまし
　　　　　た。本当にありがとうございます。迷いはありません
　　　　　でしたか。

ヒョシル　メールを見た時は少し驚きました。でも、内容にとて
　　　　　も共感し、またドキュメンタリー映画を製作されると
　　　　　知り、すばらしいと思ったんです。それでお目にかか
　　　　　りたいと思いました。

セヨン　　まず2016年9月23日にパクさんが書かれたチョン・
　　　　　ジュニョン（以下J）の記事についてお話しいただけま
　　　　　すか。

ヒョシル　はい。報道したのは金曜日の夜だったと記憶していま
　　　　　す。
　　　　　まず情報提供があったのですが、その情報は被害者が
　　　　　告訴した内容と同じではありませんでした。状況とし
　　　　　てはすでに告訴は済んでいて、警察の捜査が完了し起
　　　　　訴意見（厳重処分）を付けて検察に送致されたところ
　　　　　でした。
　　　　　起訴意見を付けて送検されたら、実名報道をするのが
　　　　　慣例です。
　　　　　わたしたちは事件を別のルートでも確認しました。
　　　　　Jの所属事務所にも接触を試みました。『スーパース
　　　　　ターK4』の後、CJに所属していたと記憶しています。

その後Ｃ９に移ってから連絡先がわからず、弊社の芸能担当者が接触を試みましたが失敗しました。それでもある程度は確認が取れたので、記事を発表したんです。

セヨン　報道直後の反応はどうでしたか。

ヒョシル　実のところ、情報提供を受けたわたしも最初は信じられませんでした。

Ｊ氏は国民的人気を誇るバラエティ番組『１泊２日』に出演中でしたから、大衆も信じられなかったのでしょう。最初は「ショックだ」「信じられない」と。ところがその後、事件自体ではなくわたしがターゲットになりました。一番の原因として思い当たるのは、Ｊの所属事務所の対応です。その次に事務所の対応を受け入れた他社の報道だと思います。当時わたしは大勢に非難され、「傷ついたでしょ」と周りの人から聞かれました。でも、非難するのも無理はないと思いました。もし好きな俳優や歌手がそんなふうに報道されたら、わたしも信じられないと思うからです。

不審に思ったのは、所属事務所が「この件は嫌疑なしで終結した」と断定的な表現を使ったことです。それを他社の記者はそのまま書きました。

まるでわたしの記事が誤報だったかのように報道したんです。

あきれましたね。起訴意見を付けて送検されたのが事実なのかをまず確認するべきなのに、「嫌疑なしだ」

と。事務所にはそのようなことを言う権限はありません。ネットユーザーの目には、わたしの記事は誤報にしか見えなかったでしょう。

セヨン　CBSラジオ「キム・ヒョンジョンのニュースショー」とのインタビューを書きおこした記事も読みました。

ヒョシル　逆風がわたしに吹きはじめたという話をしました。イルベ［ネットコミュニティーサイト「日刊ベスト貯蔵所（일베저장소）」の略。保守的な考えをもつ人が集まるサイト］側は「男性だけ実名報道するのは性差別だ」と突然論点をすり替えたんです。わたしがコルフェミ［꼴페미 フェミニストの蔑称］だからJの名前を明かしたのだと、おかしな攻撃を始めました。

イルベの組織的攻撃はだんだんエスカレートしました。わたしの個人情報や写真がさらされ、誹謗中傷の書きこみをされたんです。過去の記事にも嫌がらせのコメントをされました。その年の4月に結婚したのですが、夫の名前と職場が記事で晒されたんです。その後、夫に嫌がらせの電話やメールが来るようになりました。もちろん、わたしにもです。

セヨン　当時（2016年）わたしは高校2年生でした。

金曜日の夜に記事が出て、翌日自習室に行ったら友だちに言われたんです。

「あなたのオッパ、大変だね」と。みんながその話をしているから、嫌でも聞こえてしまう。でもわたしはファンとして道理をわきまえようと、「オッパの口か

ら聞くまで待とう」と自分に言い聞かせていました。そして数日後に記者会見が開かれ、「嫌疑なしだった」「ちょっとしたハプニングだった。ふざけていただけだ」と聞いてファンは胸をなで下ろしました。同時に関連記事が誤報だったという雰囲気が広がり、「魔女狩り」が始まったように思います。わたしがパクさんにお目にかかりたいと思いながら連絡をためらっていたのは、恥ずかしくて申し訳なかったからです。それでもわたしが悪質コメントを書き込まなかったことは幸いでした。怖がりなので、「悪質コメントを書き込んだら警察に捕まる」という話を信じていたんです。ひとりで静かに日記帳に書き込んでいました。

家からここに来るまで考えたのですが、本当にパクさんの前で読んでもいいのでしょうか。悪口を書いた日記をご本人の前で読むのはちょっと……。

ヒョシル　かまいません。

セヨン　では、読ませていただきます。

9月23日、報道当日に書いた日記です。

Jが性的暴行だなんて。最初から信じなかったし、同姓同名の別人だと思って気にしなかった。人は誰もが欲を持っている。学生ならいい成績を取りたい。映画監督ならカッコいいシーンを撮りたい。そして記者なら注目を浴びたい。自分の記事で世間を騒がせたいという欲。

その欲が時に人を苦しめ、悲しませることもあると知るべき

だ。パク・ヒョシル記者。その名前を忘れない。ひどい人だ。
（セヨン、ヒョシル大笑いする）

ヒョシル　ファンダムのそういう反応は理解できます。理解できない点はひとつもありません。なぜなら読者が正しく判断できる情報があまりにも少なかったからです。わたしが残念に思うのは、あの事件を報道した（他社の）記者たちが大衆に公正な判断ができる情報ではなく、偏った情報ばかりを伝えたことです。わたしの報道も、公益のためになったかというと……どうでしょうか。顔が知られている芸能人の犯罪行為について報道したわけですが、本当に公正だったのか、しっかりした報道だったのか。考えてみると反省点はありますね。

セヨン　パクさんもですか？

ヒョシル　はい。残念に思います。所属事務所に確認してから報道すればよかったのではと。いいコメントがもらえなかったとしても、そのとおりに書けばよかった。

でも、わたしが知っている範囲の常識では強制わいせつは親告罪じゃないから、示談が成立しても相手が告訴を取り下げても送検されるんです。

仮にわたしが被害を受けたとします。

相手が怖いからとか、お金が必要だからという理由で示談にすることはできますが、起訴に値しないか検察で確かめるんです。当時の報道でその点を突くべきでした。

セヨン　　　うーむ。つまり「ハプニングだったから取り下げる」と言ったとしても、犯罪行為をしたならアウトということですね。

ヒョシル　　はい。それがファクトだから。もうひとつありえないと思ったのが、誰も被害者に注目しなかったことです。最初に問題提起をした彼女は、とてもつらかっただろうと思います。問題提起をしたのに、まるでJを裏切ったかのように非難されて。「Jはいい子です」とコメントまで出していました。

　　　　　　「バーニング・サン事件」から始まった一連の騒動を見て、彼女はどう思ったでしょうか。自分が被害を受けて告訴した時、警察はまともに捜査をしなかった。検察もJのスマホに証拠がないからと「嫌疑なし」にした。事前にデータが削除されて、空っぽだったのかもしれないのに。

　　　　　　「問題提起をした変な人」という扱いを受けて、彼女はまともでいられなかったのではと思います。

セヨン　　　被害者の方の話が出たので言いますが……。もちろんよく知らない方ですが、「芸能人も大変で、かわいそうですね」などというコメントが、今でもネット上に残っていますよね。

　　　　　　今日パクさんにお目にかかったら「本当に申し訳なかった」と謝らなければと思いました。でもそれは正しいのだろうか、ただ自分が楽になるために謝っていると思われるのではないかと心配になったんです。それ

でもやっぱり謝りたいと思いました。申し訳ありません。失礼なことをしてしまいました。わたしはファンダムの代表ではありませんが、ファンのひとりとして……今更ですが、申し訳ありませんでした。

ヒョシル　ありがとうございます。そう言ってくださってうれしいです。セヨンさんからメールをいただいて、読んだだけでも癒やされました。忘れたと思っていたけど、心の奥に残っていたしこりが消えたような気がしました。すごくありがたかったです。

セヨン　ありがとうございます。パクさんからお礼を言われる立場じゃないのに……。
　そう言っていただけてうれしいです。では2019年の話に移りたいと思います。
　2019年3月に「グループチャット事件」が表沙汰になり、パクさんが3年前に報道された内容が再び注目を浴びましたね。新たな事件が発覚し、どのような心境でしたか。

ヒョシル　「バーニング・サン事件」から始まった「スンリゲート」[V.Iの性接待疑惑から始まった一連の騒動。V.Iの本名がスンリであることから、「スンリゲート」と名づけられた]を最初に報道した、SBSのカン・ギョンユン記者から連絡がありました。
　バーニング・サンの取材をしていて、Jの怪しい点に気づいたと言うんです。わたしが3年前に取材した時、警察や検察がおかしいと思ったことはなかったかと聞

第2章　わたしたちのインタビュー

189

かれました。わたしは当時、警察と検察の態度が変だという記事を書いたんです。

セヨン そうなんですか？

ヒョシル ええ。毎日、記事を書きつづけました。誰も気にしてくれませんでしたが。

わたしの認識では、隠し撮りに関わる告訴を受けたら最初にするのはスマホの押収です。その次にスマホとやり取りができるパソコンや、グループチャットを調べます。Jの捜査は常にJの都合に合わせていました。例えばJが忙しいとか撮影があると言えば、「都合のいい時に来てください」という感じでした。ということは、証拠隠滅をする時間はたっぷりあったわけです。もちろん警察側にも理由はあるでしょうが。聞いたところによるとJ側は、民間の鑑定会社でデジタル・フォレンジック［犯罪の立証のための電磁記録の解析およびその手続き］を済ませたと言ったそうなんです。つじつまが合わないと思いました。わたしが警察に「スマホのデジタル・フォレンジック調査はしましたか？」「Jはいつ出頭したんですか？」と質問した時、すごく嫌そうな態度を取ったんです。「全部知ってて記事を書いてるんじゃないか」「何度も電話してくるな」と言われました。送検された後「捜査の進捗状況は？スマホのデジタル・フォレンジックはしましたか？」と聞いたら、検事に「デジタル・フォレンジックをしても、すべてが判明しない可能性もある」と言われた

んです。おかしな話だと思いました。J側が証拠隠滅をする時間は十分あったんです。こんな状況では、検察がスマホを押収しても、証拠になるような物は出てこないのではと思いました。検察ももどかしかったでしょう。所属事務所が「嫌疑なしで終結した」と言ってしまったから、まるで検察と事務所がグルみたいに見えるじゃないですか。だから腹を立てていました。「誰がそんなことを言ったんだ」と。「事務所の代表だ」と答えたら、「その人にはそんなことを言う権限はない。捜査は終結していない」と言っていました。記事にも書きましたよ。

あの事件に関わるすべてが変でした。Jの事件は2019年にカン・ギョンユン記者の報道で世間に知れ渡りましたが、わたしの報道の後にもう1件あったんですよ。

セヨン　　2016年と2019年の間にですか？

ヒョシル　ええ。その時も同じです。違法撮影をして頒布したと女性に通報されました。

捜査が進むにつれ嫌疑が高まりましたが、結局うやむやになりました。示談するとか何とか言いながら。

とにかく「グループチャット事件」を取材する過程で、何かを共有しているとつかんだようです。SBS側が。それで2016年から2019年の間にも隠し撮りのような犯罪行為を繰り返していたのではと疑い、発覚したのではないでしょうか。

セヨン　　そうですね。わたしも驚いたのですが、2019年に公

開されたグループチャットの内容に2016年のトーク
が多く含まれていたんです。わたしやファンの子たち
が一番ショックを受けたのは、Jの「申し訳ないフリ
をしてくる」という言葉でした。2016年にパクさん
の記事に対抗する記者会見を開いた時、グループチャ
ットで仲間にそう言っていたんです。

ファンはもちろん犯罪自体にもショックを受けました
が、その言葉があまりにもひどすぎて裏切られたとい
う気持ちでいっぱいになりました。

パクさんはどうでしたか？

ヒョシル　芸能ニュースを担当するようになってから、芸能人の
ことを好きとか嫌いとか簡単に言えなくなりました。
そういう姿勢の延長線上にある言葉ではありますが、
わたしから見てもJは興味深い歌手であり、芸能人で
した。記事もたくさん書きましたね。でもわたしが抱
いたイメージだけでその人のことを知っていると言え
るのか？　と思いました。「申し訳ないフリをする」
とチャットに書いていたのを知って、驚きましたね。
あんな言葉を目にしたら、誰でも驚くでしょう。他人
のことを「知っている」と言うのはとても難しいこと
だと思いました。

裏切られたという気持ちも少し感じました。でももと
もとカッコいいフリ、強いフリをしてる感じでしたよ
ね。イキがってるというか。

謝りたくないのに事務所に指示されたから、「謝って

くるよ」と言ったのでしょう。

セヨン 2019年に事件が公になった時、悔しいという気持ち
になりませんでしたか。

ヒョシル むしろよかったと思いました。2016年の事件の時は
つらい思いをしましたが、ともかく「嫌疑なし」とい
う結論が出ましたよね。その後Jは確かフランスに行っ
ていました。帰国してから弊社がインタビューをし
たんです。単独インタビューでした。わたしが事件の
ことで苦しんだのが申し訳なかったようで、事務所の
人が「悪意はありませんでした」というジェスチャー
をしたんです。事務所の代表も「パクさんが攻撃を受
けることになって申し訳なかった」と言ってくれまし
た。

わたしも事件後に考えたことを話しました。「記者と
してしっかり仕事ができているのか自問した。わたし
が書いた1行の記事でひとりの人生が完全に崩れてし
まうこともあるから、慎重になるべきなのに忘れてい
たようだ」と。

だからわたしはJには元気に過ごしてほしいと思って
いました。もしあの出来事が原因で悪い方向に行って
しまったら、わたしが猛攻撃を受けると思ったんです。
だから時々、「Jが元気でいてくれますように」と心
の中で祈りました。

なのにあの事件が起きた。Jにとっては不幸なことだ
けど、わたしの書いた記事が完全に間違ってはいなか

ったということを証明できて本当によかったと思いました。悔しい部分もありましたが、あえてわたしが説明しなくても世間の人は理解できるだろうと思いました。

周りの人たちは「本当に大変だったね。今までの苦労が一気に報われた。えらいよ」と言ってくれました。たくさんの人が声をかけてくれてうれしかったです。

セヨン　2016年の事件を覚えている人はみんな、2019年にパクさんのことを思い出したはずです。わたしもそうでした。「それでも本人の言葉を信じる」というファンをどう思いますか。

ヒョシル　当然の反応だと思います。大部分のファンはわたしを知らないのに、記者の言葉を100パーセント信じるほうがおかしいです。そうですよね？　わたしもすべての記者の言葉を信用してはいません。でも、ファクトは信じます。この事件はファクトすら否定したという点が重要です。

先ほども言いましたが、好きな芸能人をファンが信じるのは理解できます。

セヨン　今でも残っているJのファンをどう思いますか。

ヒョシル　パク・クネ元大統領の支持者と似たような心情なのでは。自分が信じて愛した存在が価値のない人になってしまったら、自分の過ちになってしまいますよね。その人を愛した信念、尽くした労力、そして時間がすべてゼロになってしまう。そういう状況を受け入れら

れない人たちなのだと思います。Jにとってはありがたいことでしょう。だから刑期を全うし過ちを悔い改めたら、待っているファンたちに元気な姿を見せてあげてほしいです。Jというひとりの人間としても、いい人生を歩んでほしい。立ち止まらないで。まだ若いのだから。

セヨン　芸能人として復帰してもいいということですか？

ヒョシル　それは難しいでしょうね。放送界にも許す、許さないの境界線があるから。

　ともかく自分に恥じない生き方をしてほしいです。

セヨン　わかりました。そろそろ最後の質問をしたいと思います。わたしが人生で一番長い間、一番好きだった人がJです。中学校1年生の時から高校を卒業するまで、約6年間好きでした。この映画のタイトルがなぜ『成功したオタク』か、ご存じですか？

　わたしのことなんです。テレビにも出ました。

ヒョシル　本当に？

セヨン　『カン・ホドンの星に願いを』という番組です。Jのファンとして出演しました。

ヒョシル　本物の「成功したオタ」ですね。

セヨン　ええ。Jはわたしの価値観形成に大きな影響を与えたんです。だからこそ裏切られたという気持ちでいっぱいになりました。

　それで最初は「ああ、こんな経験をしたら、もう誰も信じられないし好きになれないな」と思ったんです。

特に芸能人は。

長年好きだったけど表の顔だけを見てきたので、あまりにも違う面を見てショックを受け失望したんです。もう芸能人の推し活はできないと思いました。今は違うけど。

ヒョシル　好きな人ができたんですか？

セヨン　自分でもビックリです。映画製作で忙しくて推し活はできないと思っていたのですが、この前ドラマ『秘密の森』を観て、俳優のチョ・スンウにハマりました。

ヒョシル　わたしも好きですよ。

セヨン　いいですよね。どうしよう。大好きで、気持ちを抑えられません。推したいという気持ちを。もう推し活はできないと思ってたのに……まったく。

自分を見失ってるのかとも思いました。

わたしは人を信じるのが怖いのですが、どう思いますか？

ヒョシル　人を好きになるのはとても自然なことです。

生きているとつらいこともあるけど、人を好きになると生活にハリが出てパワーが湧くし、ポジティブな影響を受けるでしょ。わたしも東方神起のチャンミンさんが好きです。

セヨン　本当ですか？

ヒョシル　ええ。チャンミンさんは実直なイメージですよね。

よく寄付もしてるし、西海岸で原油流出事故があった時は油を除去するボランティアにも参加していました。

善行をたくさんしていて、それを見る度に「やっぱり
わたしが好きになった歌手は本当に実直なんだなあ」
と思います。見習って寄付もしているんです。そんな
ふうに芸能人からいい影響を受けられるなら、オタク
や推し活も悪くないと思います。

そして人間というのは完璧ではありませんよね。

だからスターに完璧な人間であることを求めるのはか
わいそうです。

Jの一部のファンが「罪を償った後、幸せに暮らして
ほしい」と願う気持ちも、とても美しいと思います。
人生は短いです。人を好きになるのは非難されること
ではありません。ステキなことですよね。この世に自
分の好きな人がいっぱいいると感じれば、安心できま
す。世界がより明るく見えるし。

セヨン　すばらしい考えですね。「ファンの気持ちが美しい」
と聞いて、少し不思議な感じがしました。芸能人に惹
かれてもいいんですよね。実を言うと、この映画をつ
くりはじめた時はすごく腹が立っていたんです。まだ
ファンが残っていると聞いて、「どうかしてる」と思
いました。でも1年以上この話と向き合ってきて、そ
の人たちの気持ちも理解できました。わたしも2016
年は同じ気持ちでしたし。

ヒョシル　そうでしょ。あの事件で多くのファンが傷ついたけど、
J本人も傷ついたことでしょう。自分を壊したんです
よ。

それも大勢の前で。愛する自分を傷つけ、苦しんでいるはずです。

今どう過ごしているかわかりませんが、人生はつづきます。どうか善い人として、元気に生きる姿をファンに見せてほしいです。それだけでも十分カッコいいと思います。

人を見る目も
遺伝するのか？

ソンヘ

わたしの母親。パラレルライフなのか。人を見る目も遺伝するのか？
母は「それはない」と言うが、ありえる気がする。娘がチョン・ジュニョンを好きになるずっと前、母はチョ・ミンギのファンだった。品がよくクールなところに惹かれていたが、教授という立場を利用した暴力と性犯罪、さらには法の裁きを受ける前に自死してしまったことに「裏切られたという気持ちでいっぱいになった」と言う母。
だが不思議なことに、チョン・ジュニョンのファンだった娘について話す時には、少し前に見せた怒りはすっかり消えていた。「ジュニョンには感謝していた」と昔を振り返る母の顔には笑みが浮かぶ。もちろん、上告して最高裁まで行ったという話を聞く前までのことだが。映画の中で、母は重要な言葉を語ってくれた。「完璧な人なんていないでしょ。相手が誰であれ、大事なのは結果じゃなくて過程だよ」。

―― インタビュー日 2020年9月22日

セヨン　お姉ちゃんとわたしが「お母さんの好きな芸能人は誰？」と聞くと、いつも「歌手はイ・ムンセ、俳優はチョ・ミンギ（以下M）」と答えてたよね。

ソンヘ　うーん。そうだったね。でも歌手のほうが好きだったと思う。

セヨン　イ・ムンセを好きだったと強調してるの？

ソンヘ　うん、そうだよ。

セヨン　それでもMの話を聞かせて。

ソンヘ　わかった。

セヨン　Mを好きになったきっかけは？

ソンヘ　正確には覚えてないけど、あなたたちが幼かった頃だよ。当時わたしは専業主婦だった。Mとオ・ヨンスが出ていたドラマ『止まらぬ愛』にハマってたんだ。
　　　　ふたりは取引先で出会った関係で、お互い好きになって仕事の苦労を分かち合う。大ヒット作ではないけど、わたしは好きだったね。

セヨン　それでMのファンになったの？

ソンヘ　うん。ドラマの役どころがM本人みたいに思えて感情移入した。その頃のインターネットには、公式ホームページくらいしかなかった。だけど、Mのことを調べたの。年子の育児中で忙しかったけど、どうにか時間をつくって。
　　　　そしたらファンカフェを見つけた。わたしは一般ゲストだから、管理人が承認してくれた時だけ書き込みをしたり、投稿を見たりすることができた。

写真も載ってたよ。会員はそれほど多くなかったね。み
んな知り合いで、定期オフ会とかもしてた。だけどソウ
ルを中心に活動してたから、参加できなくて。聞いたと
ころによると、ファンカフェの管理人はM本人だった
らしい。

書き込みをするとコメントをくれた。Mのおかげでマ
ッキントッシュを知ったよ。

セヨン 今使っているiMacのこと？

ソンヘ そう。Mは自分が撮った写真をそれで編集してたみた
い。写真がすごく好きだったからね。わたしはMが載
せた写真を見て楽しんでたけど、育児で忙しくて見なく
なった。いい思い出だけが残ってたよ。

セヨン お母さんはMのどこに魅力を感じたのかな。
どんな人だと思ってた？

ソンヘ 最初は品のいい人だなと思った。ドラマでしか見たこと
がなかったから、そのイメージが強かったね。インタビ
ューを見たら少しクールな感じだった。そして流行に敏
感な感じ。普通のおじさんとは違うと思った。Mが出
ていたドラマにハマってたから、役どころのように心に
傷を抱えた人にも見えたね。弱ってる野良猫とかヒヨコ
を見ると、「かわいそう」って世話をしたくなるでしょ。
そんな感じもした。

セヨン お母さんは自分を消極的なファンと言ってたけど、ファ
ンとしてうれしかったことやいい思い出はある？

ソンヘ 短く深くハマってたね。だから今はほとんど覚えてない。

ただ生活にハリが出て、変化のない日常から脱することができた気がする。他のことで忙しかったから余計にそう思った。子どもたちを寝かせてから睡眠時間を削ってファンカフェをチェックしたよ。Mは夜行性だったから、「同じ時間帯にログインしてくれないかな」と期待してた。深夜まで見られなくて、実現しなかったけど。

セヨン　お母さんの書き込みにコメントしてくれたことはあった？

ソンヘ　うん。「ようこそ」とかだったかな。わたしはあまり書き込みはしなくて、ほとんど見てるだけだった。それだけで満足してたよ。

　　　　Mのコメントは「加入おめでとう」とか「ようこそ」とか、その程度。

　　　　形式的な挨拶じゃない心を込めたメッセージは、Mが知ってる人だけに送ってたの。だからわたしも早くそうなりたいとは思った。積極的に活動せず、見てるだけで満足する「新規」だったよ。新規ファン。

セヨン　Mからセクハラを受けた被害者たちが「MeToo」運動をして大騒ぎになった時はどう思った？

ソンヘ　話を聞いてガッカリした。わたしのようなファンにとって、Mは理想の存在だったのに……失望して当然でしょ。しかも1回や2回じゃなく、娘でもおかしくない年齢の子に……。本当に深く失望した。

セヨン　お母さんが抱いてたイメージと正反対だから、よりショックを受けたのかな。

ソンヘ　ショックだったよ。わたしが抱いてたイメージはいわば
　　　　「草食系」だったのに、肉食どころかケダモノだったと
　　　　は。
　　　　だから裏切られた気持ちでいっぱいになった。好感を持
　　　　ってたからますます腹が立って暴言を吐いたよ。イカれ
　　　　てる、異常だと思った。もともとそういう人だったのか、
　　　　徐々に堕落していったのか、それともわたしが知らない
　　　　何かがあったのか……。
　　　　今はもう知りたくないし、理解しようとも思わない。だ
　　　　からそれ以来、男性芸能人を好きにならないの。ところ
　　　　でわたし、キレイに撮れてる？

セヨン　いい感じだよ。

ソンヘ　こんな感じで話せばいいの？

セヨン　ちょっと目が眠そう。質問をつづけるね。その時お母さ
　　　　んはどんな心情だった？

ソンヘ　わたしはMのことをそんなに好きじゃなかったみたい。
　　　　大事件だったのに、忘れてたよ。Mは本当に許されな
　　　　いことをした。
　　　　自ら命を絶つことは罪を重ねることだよ。
　　　　罪を償う前に死んでしまうなんて間違ってる。
　　　　過ちを犯したら、心から謝って反省しないと。石を投げ
　　　　られるのが怖いからって死んでしまうなんて。
　　　　残された人たちはどうなるの？　家族はどうやって生き
　　　　ていくのよ。
　　　　罪を犯した本人が生きて償うべきでしょ。人に非難され

ようが、何をされようが。だけど恥ずべきことだとわかっていたら、あんな行為にはおよばないはず。さんざんやらかしておいて死んでしまうなんて無責任すぎる。悪事を働いた人間は特にしてはいけないことだよ。

セヨン 熱く語ってくれて、ありがとう。Mと一緒に美しく年を重ねられなくて残念だと思わない？

ソンヘ あの事件がなければ、Mを見ながら「演技の幅が広がったなあ」とかうれしく思っていたと思う。ファンとして、大スターになって売れてほしいとは思っていなかった。主演じゃなくてもよかったの。なのに最悪な印象を刻みつけて逝ってしまった。残念だね。

セヨン ファンだったことを後悔してる？

ソンヘ いや、昔のわたしがMを好きになって、ファンカフェに加入したことは後悔してない。他はともかく、最後の選択があんなだったことが……まったく。「あんたはその程度だったんだね」と思った。後悔はしてないけど、「あんたの死は心を痛める価値もないよ」と思った。

セヨン 今からはチョン・ジュニョン（以下J）の話をするね。わたしが中学校1年生の時、『スーパースターK4』を見て推し活を始めるのをお母さんは一番近くで見てたでしょ。わたしが自ら行動を起こしたのははじめてだった。それを見てどう思った？

ソンヘ ジュニョン（以下J）は……そう呼んでもいいよね？　痩せててヒョロヒョロだったでしょ。わたしはロイ・キム［『スーパースターK4』で優勝してデビューしたシンガーソ

ングライター。『トッケビ～君がくれた愛しい日々～』など
ドラマの楽曲に多数参加している]のほうがいいと思った。
安定感があって、いい子そうだから。あなたは歌手とし
て見てるけど、わたしは違う視点から見るからね。

セヨン　どんな？

ソンヘ　「うちの婿にするなら？」って。そういう目で見てたよ。
とにかくJはガリガリで、ふざけて笑ってばかりいた。
でもその愛嬌を生かして『1泊2日』に出たよね。突然
Jが息子みたいに思えてきた。

セヨン　Jじゃなくてわたしのことを聞いたんだよ。

ソンヘ　そうだった。セヨンは推し活を始めてファンカフェに加
入した後、方向性を決めたように見えたよね。
どんなアイデアだったっけ？　思い出せない。それを始
めてから有名になったよね。『スーパースターK4』が
終わってしばらく経っても、あなたはJ一筋だった。そ
のうち飽きるだろうと思ってたのに。
中1の時だったか、コンサートに行くと言いだしたんだ
よね。年末で会場が釜山だったから、行ってもいいと許
可した。だけど内心、気に入らなかった。最初から支持
はできないでしょ。

セヨン　お母さんは「学年1位になったら行ってもいい」って言
ったんだよ。

ソンヘ　入学して一度1位を取ったことがあったけど、あの時は
18位だったよね。

セヨン　そんなに下だった？

ソンヘ　Jのファンになってから成績が落ちたから、1位を取れ
　　　　と言ったんだよ。気に入らなかったけど、わたしがして
　　　　あげられるサポートをしたの。

　　　　わたしも学生時代、ムンセオッパ［歌手イ・ムンセのこと。
　　　　1983年にデビューし、バラードの皇帝といわれる国民的ス
　　　　ター］の推し活をしてたでしょ。オッパに会いに行きた
　　　　いのにおばあちゃんがサポートしてくれなかったから、
　　　　お小遣いをためて行ったの。おばあちゃんは気に入らな
　　　　かったんじゃないかな。

　　　　でも結局、行かせてくれたよ。誰かを好きになるとエネ
　　　　ルギーを注ぐことになるけど、それはいいことだと思う。
　　　　あなたの推し活を悪くは思ってなかった。だからコンサ
　　　　ートに行かせてあげたんだよ。

　　　　あとあと大変なことになったけどね。

セヨン　推し活のせいでお母さんは大変だったよね。ソウルで開
　　　　かれるファンミーティングにひとりで行くと言って、冷
　　　　戦を繰り広げたこともあった。

ソンヘ　そうだったね。セヨンと何時間も口をきかなかったのは
　　　　はじめてだった。

セヨン　その後もテレビに出たいと騒いだり、何かある度に亀浦
　　　　駅に呼び出されたり……。

ソンヘ　そうだった。当時は紙の切符だったよね。

セヨン　周りの子たちを見ても、経済力のない中高生の推し活は
　　　　親に頼らざるを得ないね。

ソンヘ　自力では無理だよ。

セヨン　お母さんはどう思ってた？　協力してくれない親はすごく多いよ。

ソンへ　わたしは協力しないと決めたら最初から何もしてあげない。だけど最初から「すばらしいね、やりなさい」とも言えないでしょ。無条件に賛成はできない。電車の切符はわたしが買ってあげたけど、コンサートのチケット代は将来バイトして返すと言ったよね。今でも覚えてるよ。手帳にお金を返した日と金額を記録してた。100万ウォン借りて1万ウォンずつ返すようなものだよ。それでもセヨンが返したという事実が大事だから、あの手帳は捨てずに取ってある。自分の服や靴を売ったこともあったよね。本当に笑っちゃった。とにかく、何かに夢中になれるのはいいことだと思った。

わたしが止めたとしても、ウソをついてでも行ったはずだよ。

だけどあなたはやるべきことはやって、勉強も頑張ってたよね。

放送部の部長だったし、学年1位も取ったし、クラスではほぼ毎回1位だった。

だからやめろと言わなかったの。いろんな夢があったよね、覚えてる？

最初は放送作家になりたいと言ってた。次はドラマの脚本家、そしてプロデューサー。とにかく放送業界に興味を持ってたよね。どの夢も長くても半年しかつづかなかった。だけどJのファンはやめなかったね。だから本当

に好きならサポートしてあげようと思ったんだよ。セヨンは「助けて」とは言わなかった。

「お母さんがこうしてくれたら、こうして恩返しする」って計画をしっかり立ててたよね。

セヨン　もうひとつ聞きたいことが。

ソンヘ　韓服のことは聞かないの?

セヨン　韓服?　その話をしたい?

ソンヘ　うん。美容院のイベントに行ったよね。

セヨン　そうだった。ソウルの「ラ・ビューティー・コア」というお店。

ソンヘ　この話をしてもいいのかな。あの日はすごく寒かったんだけど、セヨンは韓服1枚でプラカードを持って何時間も外に立ってた。わたしには想像も……いや、想像はつく。韓服1枚で浮かれ歩いてて、「この子は寒くないの?」と思ったよ。ソウルのコンサートにも韓服を着て行ったよね。MBCの『見えるラジオ』にも。あの時は少し仲よくなった後だったっけ?　あなたがテレビに出た後?テレビ出演の話はしないの?　エピソードがたくさんあるけど……。

セヨン　じゃあテレビ出演の話をして。

ソンヘ　『カン・ホドンの星に願いを』に出ると言った時、わたしはセヨンの味方になってた。推し活を始めて2〜3年経った時で、中3だった。いつも韓服を着てたから"韓服少女"というあだ名がついて、『カン・ホドンの星に願いを』からもオファーがあったんだよね。

正確にはわからないけど、あなたはファンカフェの会員の中で最年少ではなくともかなり若い部類だった。出演すると聞いた時、最初は心配したよ。

だけど放送を見たら、すごくしっかりしていてビックリした。

放送後、「テレビ見たよ」という電話がたくさんかかってきたの。

自分がやりたいことを見つけるというのは、大事なことだなと思った。

あなたは「Jと関連のある仕事をしたい」と言ってたでしょ。それで結局、こうして映画監督になった。ふたりで笑いながら、こんな話をしたよね。「今まではセヨンがJを追いかけてたけど、いつかJが『オ監督の映画に出たいです』と言う日が来る」と……。Jが事件を起こす前の話だけど。

セヨン　お母さんは昔、「Jに感謝してる」と言ったよね。それはどうして?

ソンヘ　セヨンが中3の時だったね。わたしはシフト制の仕事で、お姉ちゃんは高校の寮に入ったから、セヨンはひとりで家にいることが多かったでしょ。

ある日の朝、仕事から帰ったらヘッドホンのコードが首に巻きついた状態で寝てたの。「音楽を聴きながら寝ちゃった」って。どんな音楽かと聞いたら、Jの曲だった。ひとりで留守番すると外の音が怖いから、ヘッドホンをして聴いてたんだって。音楽しか聞こえなければ怖くな

いと言ってた。

わたしは当時、月に7〜8回夜勤があった。それでもJがいてJの音楽があったから、あなたは1年近くひとりで乗り切れたのだと思う。怖がることもなく。

Jのファンで、Jの音楽が好きだったからひとりの時間に耐えられたんだ。

少し悲しい話だけど、今思うとちょっと笑える。

あなたはいつも笑わせてくれるよね。コードが首に巻きついてたんだよ。

窒息して死んじゃったらどうするのよ。

それとJはあなたに「イベントへの参加は控えめにして、今は勉強を頑張って」と言ってくれたんだよね。そういう話を何度も聞いたよ。

だからJには感謝してる面もある。

セヨン　つまり、Jのおかげでわたしが寂しい思いをしなくて済んだって話だね。

ひとりでも元気に過ごせたと。

ソンヘ　母親にウソをついたりひねくれたりしてもおかしくないのに、出かける時はちゃんと行き先を教えてくれたよね。

忙しく過ごしてる姿がほほえましかったよ。

勉強も頑張ってたし。悪いことをする時間もなかったんじゃないかな。

セヨンが「ファンカフェを見るのをやめよう」と言った時、やりたいことをやり切ったのだと思った。「これ以上やることはない」と思ったんだろうな、と。成長の過

程だったんだね。

セヨン　そうだね。それにしても、「いつまでも歌いつづける」とか言ってた人が今は拘置所にいるよ。

ソンヘ　ちょっと胸が痛むね。

セヨン　冗談でしょ？

ソンヘ　わたしは胸が痛むよ。

セヨン　どうして？　おかしいよ。

ソンヘ　聞いて。Jは確かに過ちを犯したよ。
　　　　でも誰かみたいに命を絶ってないし、本人も罪を犯したと認めてるんでしょ。
　　　　相応の罰を受けて、Jというひとりの人間として元気に過ごしてほしい。

セヨン　今は上告して最高裁の判決を待ってるところだよ。

ソンヘ　控訴したの？　高裁の判決に不服があるって？

セヨン　ムカつくでしょ。

ソンヘ　それなら話は変わってくる。素直に刑罰を受けるべきなのに、なんで控訴なんかするのよ。量刑を減らしたいのはわかるけど、受け入れなきゃ。受け入れなさい。

セヨン　お母さんの言うとおりだよ。罪を犯したこと自体が恥ずかしいし腹が立つけど、情けなくいじけてる姿を見るとますますガッカリするよ。

ソンヘ　そうだよね。ただ「申し訳ありません」と言えばいいのに。

セヨン　考えてみたら、お母さんがMのファンでわたしがJのファンって笑えるよね。

ソンヘ　パラレルライフみたいな？

セヨン　人を見る目も遺伝するのかな？

ソンヘ　それはないよ。

セヨン　前にお母さんが言ってたでしょ。「完璧な人間なんてい
　　　　ない。どんな人か調べて好きになるわけじゃないでし
　　　　ょ」って。

ソンヘ　うん。

セヨン　Mは知らないけど、Jのファンはまだ残ってる。
　　　　その人たちのことをどう思う？

ソンヘ　心の中で石を投げても、Jの人生が終わったわけじゃな
　　　　いでしょ。
　　　　遠くからでも関心、または愛憎を抱いて見てくれる人が
　　　　いるならJの人生は失敗ではないと思う。

セヨン　じゃあファンをつづけてる人を理解できる？

ソンヘ　「Jにかぎってそんなことは絶対にない」と否定するフ
　　　　ァンじゃなければ。

セヨン　つまり罪を否定するファンではなく、しっかり罰を受け
　　　　て幸せになってほしいと願うファンならいいと？

ソンヘ　うん。そういうファンが本当のファンじゃない？　わた
　　　　しはファンじゃないけど、Jという人間を心から大切に
　　　　してる人なら、そんなふうに願うと思う。

セヨン　Jという人間のファンでいることは理解するけど、芸能
　　　　人として支持するのはダメ？

ソンヘ　それもどう考えるかは個人の自由。だけど「Jは悪くあ
　　　　りません。無罪です」と言うのは逆にJの顔に泥を塗る

行為だね。

セヨン　そのとおり。

ソンヘ　だけど本当のファンなら、人間的な面も受け入れるべきじゃないかな。
わたしが古い人間だからそう思うのかもしれないけど。
ファンなら、ありのままの姿を見てあげるべきだと思う。
わたしたちだって完璧じゃないでしょ。

セヨン　お母さんの考えはよくわかったよ。他に話したいことはある？

ソンヘ　誰かのファンということは別にして、わたしの娘がこうして自分の考えを実行に移し、それを人に見てもらえて胸がいっぱい。自分にはできなかったことだから余計にそう思うのかも。

セヨン　今からそんなに喜ばないで。Jがこの映画を観たらどう思うかな？

ソンヘ　恥ずかしいかもしれないけど、『成功したオタク』の出発点はJでしょ。
それにファンが話してるんだから、Jはありがたいと思うんじゃない？
Jの芸能生活はもう終わりでしょ。復帰は無理だよ。Jがどんな姿で戻ってくるかわからないけど、これは否定できない人生の一場面だよね。
話題になっても非難されても、Jからすればありがたいことじゃないかな。
あなたの立場で考えるからそう思うのかもしれないけど。

214

セヨン　Not bad ？　インタビューに応じてくれてありがとう。
　　　　もう終えてもいいかな。
ソンヘ　うん。夜勤明けで疲れてるんだ。
　　　　ふだんはこんな顔じゃないのに。
　　　　みんな、Goodbye ！

第26回釜山国際映画祭
『ソンドク（成功したオタク）』ポスター
デザイン：チェ・ナヘ / @nahui_studio

映画『成功したオタク』日本版ポスター
提供：ALFAZBET

성덕

第3章
話せなかった
言葉

セヨンのノートより

映画館で出会った観客たちからたくさんの質問を受けた。
さまざまな理由で現場では話せなかった言葉をここに記そうと思う。

はじめに伝えたい言葉

「成功したオタク」よりも「失敗したオタク」に近いわた
しが、『失敗したオタク日記』ではなく『成功したオタク
日記』を書いてもいいのか。「日記」として書く文章は、
どれだけ正直であるべきか。そもそも他人に見せることを
意識して書く文章は、日記といえるのか。日記が大好きで、
毎日のように日記を書き、はじめて手がけた映画で日記を
数ページ読み上げたり、映画をまるで日記のようにつくっ
てみたりもした。正直でありたいという気持ちと日記を書
くことへの愛情は、わたしのなかでどんどん大きくなって
いった。大きさも厚さもまちまちな数十冊の日記帳には、
思いや時がいっぱいつまっている。

　でも白状すると、わたしは日記を書くとき、完全に正直
にはなれなかった。先生に細かいチェックを受けなければ
ならなかった小学生の頃には、まあよくあることだろう。
ところがその後、自分の意思で日記を書くうちに、いつか
らか、ある種の不安にさいなまれるようになった。もし、
日記を失くしたらどうしよう？　日記の主がわたしだとバ
レて、社会的に葬られてしまうのでは？　そんな思いがた

びたびよぎった。その時から、わたしは日記帳によそよそしい態度をとるようになった。誰かについて書くときは、名前ではなくイニシャルにした。心の奥底にある悩みよりも、軽い考えや将来への誓いについて書いた。だんだん日記帳を開く回数が減り、過去の日記を読むのも退屈になってしまった。

「『成功したオタク』は正直な映画だ」。観客の方たちのこんな評価が、ありがたくも恥ずかしかった。日記を書くときでさえ正直になれないわたしが、飾らない人間として他者に見られたいと望むというのは、矛盾していて滑稽だ。映画をつくるあいだずっと、自分を見つめて心のすべてを投影しようと努力した。でも、もっと率直になれたかもしれない。観客の方たちと会う場でも同じだった。貴重な質問をいただいたにもかかわらず、ウケを狙って真剣な対話の機会を逃してしまったかもしれない。さまざまな理由で話せなかった言葉が心のなかにある。もしかすると、正直でありたいという理想や強迫観念が、後悔を生んだのかもしれない。『成功したオタク』という作品にも、観客にも、もっと正直に向き合いたいと思う。

わたしが『成功したオタク』をつくった理由

　映画館を訪れる一番の理由といえば映画鑑賞だが、時にはもっと重要な目的が存在することもある。それは、GVだ。韓国でGVというのは「Guest Visit」の略で、「観客との対話」のこと。監督や俳優などが上映後に行う観客と質疑応答を交わす、いわゆる「舞台あいさつ」の時間だ。GVは観客が監督にあれこれ質問できる機会でもある。わたしはそのようなチャンスを積極的に活用するシネフィル志望生（シネフィルと自称するのは恐れ多く、シネフィルになりたいという願望にとらわれた志望生というべきだろう）だった。

　突然映画に夢中になったのは、16歳の時。夜間自立学習［通常の授業の後、夜10時ぐらいまで学校で自習をする時間］にインターネット講義を視聴するフリをしながら映画を観ていたわたしは、釜山国際映画祭に行ってみることにした。映画祭を訪れるのは、人生初のこと。GVを観るのもはじめてだったので、空気を読んで質問は心のなかにしまっておいた。でも、エレベーターの前で監督や俳優と鉢合わせしたら、気づかないふりをするなんてムリ。写真と直筆サインをゲットしたり、尋ねられてもいないのにぼそぼそと

感想を話したり。消極的な観客を自認するわたしのはじめてのGV体験は、そんなふうに幕を閉じた。

　釜山国際映画祭で市民評論団［選抜された一般市民で構成された審査員やレビュアー。映画祭期間中に公式ホームページ用に作品評を書いたりする］として活動を始めた17歳の頃には、すでにGVマニア（と書いて悪役と読む）になっていた。1日に映画を4本観るハードスケジュールをこなしながら、監督に直接質問できる機会が2、3回ほどあった。いや、もしかしたらGVがある上映回を優先してスケジュールを組んでいたのかもしれない。大学の映画学部を志望する、ガチで好奇心旺盛な受験生だったわたしは（「好奇心にあふれるわたし」というキャラクターに自惚れていた）、モデレーター（司会者）が観客に目線を送る瞬間を逃さず手を挙げた。だからといって、気になって仕方なかったり、あるいは映画を観る視点に大きな影響を与えたりする深い質問をしたわけではない。ただ、映画をつくるというすごくカッコいいことを成し遂げた人と言葉を交わしたかっただけだった。そうしてしぼり出した質問は、たいていこんな感じだった。

「あ、あ。マイクが……。あ、はい。アンニョンハセヨ。ええと……わたしは映画監督になりたい高校生なんですけど。(中略)監督の映画ははじめてなのですごく期待していたのですが、思っていた以上に面白かったです！　アハハ。映画、すごく良かったです。で、質問です。ちょっとしたことなんですけど、猫が2回登場しますが、これには何か意味があるのでしょうか。意図したことですか？　わたしが思うには……(後略)」

　監督を疲れさせるだけの取るに足らない質問を次々と投げかけた。さらに、観た人それぞれが解釈できるようにした部分についても、まるで尋問するかのようにガンガン聞き出そうとした。オープンエンディングの映画の結末について監督に語らせようとしたり、余韻を残して消えた人物の行方を尋ねたり。面白くもなく意味もない質問だった。

　ここまで読むと、「『成功したオタク』をつくったきっかけ」について答えるはずが、どうして関係ないことを書い

222

ているのか、疑問に思うかもしれない。前置きがすごく長くなってしまった。GVで悪役だった頃に、よく監督に投げかけた質問のひとつが「この映画をつくったきっかけは?」だった。誰もが気になることを聞いているという自信にあふれた自分の力強い声が、いまも耳に残っている。この質問は、ブーメランとなってわたしに戻ってきた。他のどうしようもない質問の数々はともあれ、まさかこの問いが監督を苦しめるとは想像すらしなかった。しかし、回答者の立場に立つと、意外にもシンプルな質問がもっとも悩ましいものだった。

なぜ『成功したオタク』をつくることにしたのか? うーん、どこから話したらいいのだろう。どれぐらい詳しく話すべきか。というか、当初のきっかけと、こんなふうに完成させることになったきっかけは違う。だったら、こんな構成にした背景について語るほうがいいのかな。いや、「つくったきっかけ」を聞かれているのだから、最初の記憶にさかのぼるべきでは? だけど、映画にしようと思いついた時と、構成を決めた時は異なるから、どっちを基準に話せばいいのかな?

★

　映画をつくってみたいと考えはじめた時の記憶がよみがえった。10代の頃、すべてをささげて愛したオッパが、性犯罪者として逮捕された衝撃的な事件の後、しばらく抑えがたい怒りがこみ上げていたが、特に何も感じずに過ごした日もあった。毎日ずっとその人のことを考えて感情をすり減らしていたわけではない。ただ、この事件を忘れることは永遠にないという現実だけは、たえず心の奥底にあった。少し涙が出たり、激しい怒りを覚えたり、裏切り行為に対する言葉では何とも言い表せない気持ちになったりしながら、その人のファンだったという事実をユーモアで昇華する境地へとたどりついた。自分の苦しみは他人の幸せになる。友だちはわたしを哀れみながらも、空気を読んで「そんな人が推しだったなんて理解できないね」と、さりげなく皮肉を交えてジョークを言った。そんなときは、わたしも一緒に笑っていた。

　そんななか、知人とご飯を食べていた時に、想像すらしなかった言葉を聞いた。推しが性犯罪で逮捕された経験を映画にしたらどうかというのだ。実際、映画をつくる人たちは、すべてを映画に結びつける傾向がある。日常のささ

いなことがらについても「映画のような出来事だ」とか、「映画をつくってみよう」とギャグ混じりに言ったりする。だから、この時もただのギャグだと受け止めた。「実体験が映画になることもある」という考えはずっとあったが、この事件がそれに値するとは思っていなかったからだ。

複数の人たちから「映画をつくったら面白い」と言われるうちに、いつしか映画のタイトルについて考えるようになった。「映画を撮るならわたしを出演させて」という友だちも現れはじめた。一度だけ読んで忘れてしまおうとしていた記事を再び徹底的に読み直し、キャプチャーして保存した。オンラインコミュニティーやSNSでファンの反応を集めてフォルダーに入れたりもした。それでも、映画をつくらなければならないという確信は湧かなかった。何かが少しずつ前進しているのを楽しみながらも、これが本当に映画になるのか疑問だったのだ。

そんなある日、ファンサイン会で列に並ぶ間に仲良くなって、推し活の悲喜こもごもをともにしたウンビンと電話で話した。事前取材というよりは、誰にも言えない心の内を打ち明けるためだった。わたしたちは、久しぶりに長いこと話しこんだ。ウンビンは言った。「あの人を好きになって以来、たくさんのこと（毎日その人の名前を検索し、曲

を聴き、動画を見ること）が当たり前の日々だった。だから
しばらくの間、事件に関する記事を読んで詳細を知ること
で、日常を埋めようとしていた。でも、大衆やメディアの
関心が薄れ、新しい情報がなくなると、毎日が虚しく感じ
られるようになった」と。この言葉を聞いて、わたしのな
かに隠れていた悲しみが姿を現し始めた。笑い飛ばそうと
したけれど、簡単ではなかった。思い出を奪われ、アイデ
ンティティを失った。もう以前のように幸せを見出すこと
ができない。それは、本当に悲しいことだった。おこがま
しいかもしれないが、わたしはウンビンをはじめとする友
だちを慰めたかったのだ。そうすれば、自分も彼女たちに
癒してもらえるだろうと思ったから。おたがいの気持ちを
よく知っている人と語り合いたかった。

　オッパが犯罪者になってしまったという事実を認められ
なかったり、認めるか否かにかかわらず愛情を捨てられな
かったりするファンもいると知ったのも、その頃だった。
推し活が強制終了となったファンの心情は説明しなくても
察することができる。でも、こんな状況になってもファン
でありつづける人たちの気持ちは、まったく理解できなか

った。「なぜ愛しつづけるの？　もうやめて！」と言いたい衝動にかられた。とんでもないおせっかいだ。だけど皮肉なことに、少し後になって振り返ると自分にも同じような時期があったと気づいた。それ以来、「なぜ」という質問の矛先を他人ではなく自分に向けるようになった。わたしはなぜあの人を愛しつづけたのか。どうしてそんなに誰かを好きになることができたのだろう。あの人をただ信じていた時代の自分が、まるで他人のように感じられた。今や別人のようにも思える、あの人を慕っていた過去の自分と、今もファンでありつづける人たちへの好奇心が、だんだん大きく膨らんでいった。

　映画にできるかどうかもわからず、どんな映画をつくりたいかさえはっきりしていなかったが、会って話を聞きたい人がたくさんいた。ファンたちの思いを伝えたいという決意ひとつを胸に、カメラを手にいろいろな場所を訪れた。カメラがなければ、尻ごみしてあきらめてしまいそうだった。フォーカスが合っているかなど、技術的なことはわからないけれど、とりあえず「Rec」ボタンを押して、目の前のすべてを撮ってみることにした。インタビューの作法もよくわからなかったが、ただ思い切り怒って楽しく罵り、声を出して笑いたいと思った。映画には使えないかもしれ

ないけれど、日々フォルダーが増え、撮影データがたまっていくと、何かを成し遂げているという手ごたえを感じた。そうこうしているうちに、わたしは『成功したオタク』という映画をつくる人になっていた。

　映画製作の動機について、こんなに長々と説明することになるとは想定外だったが、心を高鳴らせながら書いていて思ったのは、わたしはただ虚勢を張っていただけかもしれないということ。正直に言えば、雷に打たれたように特別な何かがピカッとひらめいたわけではない。怒りが原動力となってカメラを手に取ったと語ったことも、好奇心に突き動かされたと答えたこともある。どれも真実だけど、結局のところ、わたしが伝えたい話だったというのが、もっとも重要なきっかけだった。わたしたちの、可笑しくも、悲しくて、怒りに満ちた経験を誰かに話したくてうずうずしていた。この話を一番面白く、うまく伝えられるのはわたしだという控えめな自信もあった。いろいろな理由を挙げる必要はなく、ただわたしが伝えたい話だったということ。それがおそらく、映画『成功したオタク』をつくったきっかけのすべてだろう。

推し活に失敗した同志たち

　これから映画を観る方のために説明すると、『成功した
オタク』は半分以上がインタビューで構成された作品だ。
特別な目的のために取材を依頼したのはスポーツソウルの
パク・ヒョシル記者だけ。残りのインタビュイーはすべて、
推し活が失敗した経験者たちだ。なぜ失敗するのか？　ファ
ンの意思とは関係なく、推しが犯罪者になったり、それ
に近い問題を起こしたりするからだ。推し活失敗の副作用
は大きく分けてふたつ。ひとつ目は、一生の黒歴史として
笑いのネタにされること。ふたつ目は、時が経つにつれて
幸せな思い出まで真っ黒に焦げついてしまうことだ。もち
ろんこうした副作用は、悲しくなったり苦しくなったりを
繰り返すジェットコースターのような感情の果てに明らか
になる。

『成功したオタク』に登場するインタビュイーは、すべて
推しに夢中になっていた韓国の女性たちだ。推し活が失敗
したという痛切な体験を共有している人たちでもある。全
員に共通しているもうひとつの要素は、わたしという存在
だ。ほとんどがわたしの親しい友人たちなのだ。小学校か

ら大学までの同窓生もいれば、映画の仕事で出会ったスタッフ、共通の趣味でつながった推し活仲間もいる。さらには、わたしのもっとも長い友人である母も。とにかく、インタビュイーは、お互いをよく知っている人たちだ。

　最初から友だちにカメラを向けるつもりだったわけではない。映画に登場する人たちが泣かなければいいなと願い、思いのたけを正直に話してほしいと思った。タイトルが『成功したオタク』なので、ファンの間で有名なマスターやファンカフェ［ファンのためのコミュニティーサイトやアプリ。アーティストのスケジュールやメンバーの投稿閲覧、ファン同志の交流掲示板などのコンテンツがある］の運営者を取材しようとも考えた。しかし、映画をつくるというごく個人的な目的のために、突然協力を求めるのははばかられた。悩んだ末に、シリアスなことを笑いながら話せる、もっとも率直に語ってくれる人は友だちだという結論に至った。具体的に誰をインタビューするかを決めて依頼するまでには、かなり時間がかかった。どんなに親しい友だちでも、その人の推し活の歴史については詳しくわからなかったからだ。わたしがチョン・ジュニョンを熱く推していたことはみん

なの間で有名だったが（わたしが過去の栄光をひけらかしていたせいだ）、わたしは友だちの過去を知らなかった。しかし不思議なことに、友だちに「『犯罪者になった推しのせいで、推し活が終了したファン』を探している」と話すと、なごやかな雰囲気だった会話の場が一瞬にして緊張感あふれるインタビュイーのオーディション（？）へと変化した。

　中学校時代の同級生の紹介で出会ったジェウォンも推し活をしていたとは、まったく知らなかった。映画がきっかけで親友になったので、「こんな映画をつくるのはどうかな」と尋ねようとしただけだった。ところがジェウォンから、意外な答えが返ってきた。強制わいせつ容疑で逮捕・書類送検されたのち、「嫌疑なし」とされた歌手のファンだったのだ。「n番部屋事件」と「グループチャット事件」が立てつづけに発覚し、性犯罪に敏感になっていた時期だったので、ジェウォンは性犯罪を犯した公人たちを挙げて激怒した。映画のスタイルやジャンル、テーマについての意見を聞きたいというわたしの言葉なんて、そっちのけで。元推しの厚かましい態度とファンをやめた時の不愉快な記憶がよみがえり、怒りが爆発したのだ。ジェウォンは、こ

んな名言を残した。「結果がどうであれ、わたしの心のなかでは有罪だ」。わたしは、この言葉をカメラの前でもう一度聞きたかった。その瞬間から、思いもよらなかった友人たちの名前がインタビュイー候補として浮かびはじめた。

ジュジュは、大学で出会ったなかで一番愉快な人だった。そんな人と友だちになれるのはすごくラッキーなことだ。真冬に大変な思いをしてジュジュの部屋探しを手伝ったのも楽しかったし、突然わたしの寮の部屋にやってきて歌いながらシャワーを浴びる姿も可笑しかった。ジュジュがわたしの眉毛をうっかりそり落とした事件の後も変わらず仲良しだったし、そのおかげでさらにハッピーなことが起きた。休学してまで撮ろうと決めた映画の内容について話したとたん、ジュジュがこう言ったのだ。「わたしも出演させて」。

ジュジュは、あらゆる犯罪と事件で解散寸前に陥った某グループのファンだったと打ち明けた。初耳だった。『SHOW ME THE MONEY』［Mnetで放送されたオーディション番組。韓国にHIPHOPブームを巻き起こしたことで知られる］に出演するのが夢だというジュジュは、思いがけず訪れた映画デビュー（？）の機会を喜んだ。わたしもうれしかった。ジュジュにも推し活の黒歴史があったなんて。

こんな映画が芸能界デビューにつながるかは疑問だけど。

　他のインタビュイーたちとは異なり、スンヒョンとは、事件の前から過去の推し活について語り合ったことがあった。偶然近くに住んでいたわたしたちは、秘密の集いをしながら仲良くなった。近所の寂れた景色にうんざりしていたわたしたちは、毎日夜になると近くにある広場に散歩に出かけた。脈絡のない会話を楽しみ、たわいないことで盛りあがるなかで、好きだった芸能人についても話した。そうするうちに成功したオタクだった過去を自慢したくなったわたしは、広場を２周するあいだずっと、中学生の時にテレビに出たことや、コンサート、ファンサイン会での出来事を語った。するとスンヒョンは、飲酒運転とひき逃げなどで活動を自粛していた第２世代アイドルスター、カンインのファンだったと明かした。虚心坦懐なスンヒョンの告白に心が痛んだのもつかの間、「どうしてそんな人を好きになったの？」とからかうように聞いてしまった（そうすべきではなかったのに）。それから１か月後、「グループチャット事件」がメディアで報じられた。スンヒョンは号泣しながら電話をかけたわたしに、こう言った。「水をたくさん飲んで、深呼吸して」。それはすでに同じような経験をしたことがある人だからこその、癒しの言葉だっ

た。数か月後、インタビューを依頼すると、スンヒョンは快諾してくれた。

　ウンビンとミンギョンについては、すでにお互いを探り合う時間さえ必要なかった。わたしたちは何年もの間、コンサートやファンサイン会を待つ列で、いつも顔を合わせる仲だった。事件の後、動揺を落ち着かせて気持ちを整理する過程をともにしたありがたい友だちでもあった。映画を準備していた時もたくさんのアドバイスをしてもらい、言葉を交わすうちに自然とインタビューを依頼することになった。ウンビンは悩んだ末に「話したいことがたくさんある」と出演を決め、ミンギョンは「言いたいことはない」としながらも、2回も撮影するほど積極的にインタビューに応じてくれた。

　それぞれ異なる縁で出会った友だちがみんな、同じような体験をした同志だったという事実を知ったのは、スペシャルな経験だった。一人ひとりの黒歴史を聞くたびに、わたしは笑いがこみあげた。嘲笑や揶揄ではなく、あきれた気持ちから湧き出る苦笑だった。あなたも？　わたしも。類は友を呼ぶという。どうしてわたしたちは、みんなそろ

ってこんなひどいザマを見るのか。ひとしきり笑った後に
はじめて、まったく笑えない状況だと気づいた。驚くべき
偶然と驚愕の連続は、「親しい人たちと一緒に楽しく映画
をつくってみなさい」という誰かの啓示に違いない。そう
受け止めることにした。

　身近な人を取材するのは、必ずしも簡単なことではない。
友だちの前では、本来の自分の姿を隠せない。もしはじめ
て会った人だったら、わたしは監督としてできるだけ賢く
振る舞い、熟練したフリ、余裕があるフリができただろう。
でも友だちが取材相手だと、ムリだった。口では「大丈
夫」と言いながら、動揺した目つき、カメラを握りしめて
あたふたする不器用な手つき、失敗するたびにどんどん大
きくなる鼻の穴……。映画をつくる人として、信頼に足る
とは思えない。でも友だちは、わたしがどんな人間かよく
知っている。プロのフリをしても、友だちの目には汗をだ
らだら流しながら孤軍奮闘している姿がはっきり見えてい
たはず。だからカッコいい監督になるのをあきらめて、出
演者が心を開いて話せる聞き手になったのだ。そんなふう
に思いたい。もしかすると友人たちは、わたしがクールな
フリをしようと努力した末に完成した映画がこの程度でし
かなかったという事実に、ちょっとした衝撃を受けるかも

しれないが。

　過程はどうであれ、プレッシャーを与えるカメラの存在感を消して、いつもと同じように自由に語り合う雰囲気をとらえたいという目標は達成できたと思う。カメラをちらちらと見ていた友だちが、いつのまにか会話に没頭して暴言を吐いた後、「こんなこと言っても大丈夫かな」と心配顔になった。爆笑して音割れしても、同時に話して音声が重なってしまっても、それは編集でどうにかすればいいだけの問題だ。これまでできなかった話を吐き出す痛快さや、誰かと100％共感しあえたり、語り合えたりする喜びのほうが、はるかに大きかった。怒りが噴き出したり、恥ずかしくて頭をかいたりもしたが、みんなでいれば平気だった。心を開いてくれる人とカメラを挟んで向き合うことは、想像していたよりも面白かった。少なくとも、わたしにはそうだった。

「『成功したオタク』は正直な映画だ」というありがたい評価を受けることができたのは、出演した友人たちのおかげだ。ただただ恥ずかしく何かを隠そうとばかりしていたわたしも、インタビューを読み直して友人たちの勇気に感

嘆し、反省し、羞恥心を吹き飛ばそうと努力した。それは、自分の映画だから当然かもしれない。でも友人たちは、どうしてあんなにも率直にすべてを話すことができたのだろう。心の奥深く抱えていたたくさんの思いを、表に出したかったのか。これまで誰も聞いてくれなかったから、語りたかったのか。だから、いつかはこんな話を打ち明けてスッキリしたいと思っていたのだろうか。本当に、それだけのために？　もしかしたら、友だちはわたしを助けるために、リスクを冒して自分の話をしてくれたのかもしれない。息を殺して涙をこらえていた日々を共有する同志として、目の前の友だちだけでなく、未来の観客をも慰めて、応援したいと思ったのかもしれない。人がカメラの前に立つ理由は、ただ思いをぶちまけることだけではないから。考えすぎだろうか。いつか必ず聞いてみたい。

　友人たちは、映画をつくっている間ずっと思い悩んで演出者としての信頼を与えられなかったわたしのことを、わたし自身よりもっと信じてくれた。皮肉なことに、映画のおかげで友だちとの関係はさらに深まったような気もする。新たな共感を見出したうえに、映画製作という長い道のりを一緒に歩むことになったからだ。この旅は、映画が完成すれば終わるわけではない。6か所にバックアップを保存

した『成功したオタク』の撮影データと編集した完成バージョンがこの世に存在するかぎりつづくのだ。友情を人質にした出演依頼を断らずに助けてくれた友だちに、わたしは一生感謝するだろう。映画で顔を出して話すという難しい決断をしてくれた友だちのことは、生涯忘れない。あなたたちの声を映画に収めることができたのは、最高の幸運だったと伝えたい。

オッパが終わった日

　そんな日がある……。普段はしないことを、不思議とやりたくなる日。大学2年生になったばかりのある日、寮に帰るつもりだったのに図書館に向かい、閲覧室で本を開いた。朝から夕方までずっと授業を受けて今にも気絶しそうな状態で、次の週の予習に取り組んだ。そんなことをしたのは、生まれてはじめて。肌寒い風を避けるために入った場所が、よりによってどうして図書館だったのか（ちなみに、わたしが学校の図書館で席をキープして何かをしたことはほとんどない）。乾いた平和な空気に久しぶりにふれながら、目の前の活字に集中した。2時間以上も時計を一度も確認することなく、ひたすらページをめくりつづけた。読んでいたのは、映画監督マイケル・ラビガーの「ディレクティング・ザ・ドキュメンタリー」という本だ。

　そんな日は必ず、普段はめったに連絡しない誰かから電話がかかってきて、集中力がプツンと切れる。あの日の場合は、特に親しいわけでもない高校時代の数学の先生だった。廊下に出て短い通話を終えて席に戻り、ふとスマートフォンを見た。果てしなくつづくメッセンジャーの通知。

いつものことだ。19歳のわたしはかなりマメな「超陽キャ」で、1日20人以上の人たちとやりとりしていたから。ざっと目を通しながらスクロールすると、短い文章ばかりの数十通のメッセージが目を引いた。すべて、同じ学年の友だちから届いたものだった。

　　——ちょっ
　　——ちょっと
　　——せよ
　　——せよん……

　返事をしないわたしに数十回呼びかけたあと、さらに謎めいたメッセージがつづいた。

　　——どしたらいいまじで
　　——せよんのせいじゃないから
　　——きたなくてむかつくけど
　　——おちこまないでㅜㅜ
　　——げんきだして……

　数十分前に届いたメッセージの数々は、確かにハングル

で書かれているのに、意味がわからなかった。わたしが図書館で本を読んでいる間に何が起きたのか。頭のなかが「？」でいっぱいになった。「どうしたの？」とメッセージを送ると、友だちからはシンプルな返事が届いた。

——NAVER見て。

　想定外の答えにちょっと気抜けしたが、読んでいた本を置き、ポータルサイトのホーム画面を開いた。やはり普段とは少し違う日のせいか、いつもは関心すらないリアルタイム検索ワード［NAVERのリアルタイム検索ワードは2021年2月25日に廃止された］が目に飛びこんできた。画面を埋めつくす記事タイトルのはざまで、一瞬止まっては消えていく3文字。あれ？　何か見覚えが……。クリックして確認すると、リアルタイム検索ワード1位は、その人の名前だった。レギュラー出演するバラエティ番組が大きな反響を呼んだ日には、たまに名前が検索ワードにランクインすることもあったが、その日はオンエアされる日曜日ではなかった。そして、番組がバズっても、その人が1位になったことはない。1位を取ったと喜んだのもつかの間、すぐに不安が押し寄せた。月曜日の夜に、その人の名前が

リアルタイム検索１位になる確率は？　それが良いニュースではない確率は？　残念ながら、かなり高かった。

　検索ワードランキングに並ぶ単語を組み合わせるだけでも、何が起きたのかだいたい見当がついた。状況を完璧に整理した記事はまだなかったが、あるメディアがスクープとして伝えたようだ。続報を待ちながら、同志たちにメッセージを送った（ここでの「同志たち」とは、推し活の喜怒哀楽をわかち合った友人たちを指す）。

　　──記事見た？
　　──これってどういうこと？

　急いで文字を打っているうちに、友だちがあの文章にならないおかしなメッセージを送ってきた理由がわかった。ニュースを読んだり聞いたりするのはともかく、自分で言葉にするのは難しかった。軽いゴシップネタではない。理解して整理するには、かなりの時間が必要だった。だから友だちも、いきなり送ったメッセージで「あなたのオッパが犯罪者になった」とは言えなかったのだろう。わたしだって、同志たちに「オッパが終わった」というのさえしんどかったのだから。口にするのがはばかられたその事件に

は、少し経ってから名前が付けられた。「チョン・ジュニョン　グループチャット事件」と。

　荷物をまとめて図書館から出ると、外は真っ暗だった。スモーキングエリアに座ってタバコを吸いながら、ため息をついた。その場に一緒にいた友だちは、わたしの推し活の歴史を知らなかった。腹が立って、悔しくて、うろたえて、鳥肌がたつほどゾッとする気持ちを打ち明けたくて、ファンになった瞬間から最近まで7年間の記憶を一つひとつ思い出した。話せば話すほど心が乱れた。本気で大好きだったのに、結局こんな形で終わってしまった。「成功したオタク」だった誇らしい思い出は、いまや黒歴史だ。たった数時間で、世界が変わってしまったのだ。頭のなかでは状況を受けいれながらも、心のなかではそうはいかなかった。所属事務所が何か言ってくれますように。いつもどおりSNSを更新してくれますように。密かにそう願っていた。絶望してため息をつきながらも、糸のようにか細い希望のひもを握りしめていた。愚かなことに。

　友だちを家に送った後、寮の入り口に座って、またタバコをくわえて考えた。これって、どういうこと？　頭のな

かがすごく混乱していた。部屋に戻ってゆっくり休みたい
と思う一方で、寮の友だちがひとり、またひとりとタバコ
を吸いに降りてきたのがうれしかった。会話になかなか集
中できなかったけれど、笑い声が上がるとつられて笑顔に
なり、友だちがつけたライターの火を借りたりした。「あ
あ、どうしよう」とため息もついた。頭痛がだんだんひど
くなった。でも、自分の部屋でひとりぼっちになったら、
感情の渦に押しつぶされてしまいそうで怖かった。

　そんな日……。いつもとは微妙に違う選択をする日。偶
然で稀なことが起きる日。その日は、まだ終わっていなか
った。たわいない会話をしていた友だちが、突然怖い話を
始めたのだ。「寮に幽霊がいる」。とんでもなく臆病でホラ
ー映画は観ようとすら思わないわたしは、その瞬間、つい
にみんなの会話の輪に入った。「オバケの話はやめて」と
言うために。すると会話の流れが変わり、わたし以外の全
員がはしゃいだ表情になった。わたしの言葉は、むしろ友
だちのいたずら心に火をつけた。まるで世界中に存在する
すべての怪談を語るような勢いで、みんなが次々と怖い話
をしはじめた。だから、わたしはまた、いつもは絶対にし
ない行動をとってしまった。いつもだったら、笑いながら
一緒にふざけるはずなのに。誰かが「部屋に戻ろう」って

言うまで、スモーキングエリアにずっと座っているはずなのに。その日はイラっとして、いつものように振る舞うなんてムリだった。

　息まきながら自分の部屋に入り、バッグを放り投げた。2段ベッドによじ登って枕に顔をうずめたら、涙があふれた。声を上げてワンワン泣いた。息がつまりそうなくらいヒクヒク泣いた。頭がずっとガンガン痛かった。水を口にして息を整え、頭痛薬を飲みながら、ふと思った……なんで泣いたんだろう。久しぶりに大泣きしたのは、怪談のせいだけではないはずだ。今日起きたことがどんどん積み重なって、涙腺が崩壊したのだ。日常のなかにある小さなつらい出来事の上に突然降りかかってきたオッパの犯罪疑惑は、とてつもなく大きかった。もしかしたら、わたしは図書館にいた時からずっと、涙をガマンしていたのかもしれない。

　数時間後、SNSとインターネットで記事をくまなく調べながら思った。事実なんだ。以前なら、1日、2日、いや1週間でもオッパが何か言うのを待っていただろう。だけど今は違う。長いファンとしての経験で身につけたスキルのひとつは、空気を読んで状況を察することだ。こんなに時間が経っても、弁明も釈明もない。つまり、言うこ

とがないのだ。少しでも放っておけば名誉に致命的な傷が
つく犯罪疑惑に対してまったく口を開かないのは、もうあ
きらめたという意味だ。

★

　女性を狙ったヘイトクライムに憤り、公人の事件・事故
に敏感に反応していたのに、自分が好きな (好きだった) 芸
能人が性犯罪の加害者になるなんて一度も考えたことがな
かった。まあ、そんな想像をするのもヘンな話だが。まる
でデジャヴのようだ。名前と罪名だけが変わり、果てしな
く繰り返される事件。昨日まで芸能面に載っていた人が、
社会面の常連になるシチュエーション。変わった点がある
とすれば、以前はニュースを聞いて悪口をまくし立ててい
たのに、今は何を言ったらいいのか分からないこと。性的
暴行の違法撮影や共有、準強制わいせつなどの文字を目に
しすぎて、まるで現実ではないようにも感じられた。知っ
てから受けいれるまでには、長い時間がかかった。
　うん、実はそうなると思ってた。いや、思ってもみなか
った。二転三転してもつれる心の声。食事も喉を通らない
まま待機していた2016年の記者会見の日、その人が「申
し訳ないフリをしてくる」とグループチャットで仲間に言

ったと、後になって知った時は、傷つきすぎて世界が崩れる思いだった。わたしが知っていた姿とは、まったく違う。裏切られた。そんな人を応援していたという事実に、罪悪感が湧いた。好きだったからこそ怒りがこみあげ、恥ずかしくてどうしようもなかった。何気なくプレイリストを再生した時にその人の曲が流れると、悲しみのどん底に陥った。そんなふうに経験した何百もの感情を、完璧な言葉で整理するのはムリだった。事件に接した後の気持ちを文章にするのは、たやすいことではない。

「オッパが犯罪者になった」という事実を認めてからも、わたしは混乱していた。幼い頃に読んだ童話のようにわかりやすいエンディングにまとめるのは、不可能だ。「いつまでも幸せに暮らしました」は、もうありえない。だからといって「そして犯罪者になりました」と終わらせるのも、モヤモヤする。

　オッパが犯罪者になったのは長い推し活の結末だけど、わたしたちの人生のエンディングではない。重要なのは、これからわたしたちが過ごす時間だ。混乱から抜け出せないなら、混乱と向き合いながらも前向きに生きる努力が必要だ。友だちといっぱい話をした。自分のせいにしないようにと励まし、慰め合った。

そして思った。普段とは微妙に違う選択が重なったあの日。オッパが犯罪者になったあの日。偶然ドキュメンタリーについての本を読んでいたのは、本当に不思議だと。

推し活と家族

　学生が推し活をするのは、なぜこんなにもしんどいのだろう。勉強をサボっているわけでもなく、悪いことを企んでいるわけでもないのに、まるで罪でも犯したように引け目を感じて、しきりに周りを気にしてしまう。それはおそらくお金のせいだ。推し活をすると愛の大きさと比例してお金を使うようになるけれど、学生には財力がない。だから、経済的なサポートをしてくれる保護者の承諾が必須となる。ソウル以外の地方に住んでいる人は、金銭的な負担が2倍になる。明け方から並べば無料で入場できるコンサートやオープンスタジオで開催される公開放送だって、お金がかかる。というのは、ソウルに向かう列車や高速バスに払う代金も決して安くはないからだ。つまり、釜山に住んでいたわたしにとっては100％無料で参加できるわけではなかった。そのため、母を説得するのが大きな関門だった。

　数シーズンにわたり話題になったオーディション番組

『スーパースターK』が終わった後、主要なメンバーによる全国ツアーコンサートが開催された。もちろん、わたしの元オッパもそのひとりだった。釜山でのコンサートはツアー最終日で、12月31日の夜に予定されていた。信じられないほどロマンチックだ。その人を知った重要な年の最後の日を、一緒に過ごすなんて！　わくわくしながらコンサートチケットの予約スケジュールをチェックした。チケットが販売開始されてから、かなり時間が経っていた。新規ファンの情報力不足が身に沁みた。それでもまだ大丈夫だろうと、残っている座席を探した。ステージに立つ人が爪楊枝ぐらい小さく見える天井席以外は、すべて灰色、つまり売り切れだった。熾烈な競争とインターネット投票の末に順位が決まるオーディション番組の出演者たちは、正式デビューする前に、すでに盤石（ばんじゃく）のファンダムを築いている。特に『スーパースターK』は、国民的人気番組だったため、特定の出演者のファン以外にもコンサートに行きたい人がたくさんいた。そんな事実に気づいていなかった。後の祭りだ。でも、「これをはじめてのコンサート体験にしたい」というこだわりを貫きたかった。どうにかして行きたかった。たとえ、爪楊枝ゾーンだとしても。

「テストで学年1位の成績を取るから、コンサートに行

かせて」と母に頼んだ。母からすれば、図々しい要求に思えたことだろう。子どもが成績を人質にしてほしいものを手に入れようとする浅はかな策はありふれたものだが、他に術（すべ）がなかった。でも、結果は失敗。当然だろう。わたしは、母に「勉強しろ」と言われたことがほとんどない。「成績を上げたらごほうびをあげる」と提案されたこともない。言われなくても自分でやってしまう性格は、こんな時には役に立たなかった。だけど、むやみにゴネるよりは、自分ができる何かを賭けたほうがマシだろう。わたしは母を説得しつづけた。

「コンサートに行かせて」とはじめて言ったとき、母はすごく驚いていた。家の経済状況を考えると、チケットはかなり高額だ。さらに「中学生がひとりで夜11時に始まるコンサートに行くなんて、ありえない」とも言われた。今なら母の気持ちを察することができるけれど、当時は自分のことしか考えていなかった。こんなライブに行ってみたかったんだ、学生割引もあるんだよ、友だちも一緒だから大丈夫、だから行かせて……と、母にせがんだ。わたしの人生において、最高にわきまえない行動だった。結局母は、自分には何の利益ももたらさない「コンサートに行かせてくれれば、テストで学年１位の成績を取る」という交渉

条件を受け入れて、チケットを買ってくれた。ところが、緊張の糸がゆるんだのか、それとも推し活に夢中になりすぎたのか。期末試験の成績は10位以上落ちてしまった。でも、すでに時遅し。チケットはすでにわたしの手中にあった。

コンサートホールの3階のてっぺんに座って、爪楊枝よりも鼻クソよりも小さなオッパを見つめながら、愛はさらに大きくなった。1日4時間以上パソコンの前に座ってファンカフェをチェックして、家族に新しい情報を教えたり、カッコいい写真を自慢したり。その人が出演するテレビ番組はもちろんのこと、数か月間DJを担当したラジオ番組を家族全員で聴いたりもした。そうするうちに親しみを感じるようになったのか、母や姉がわたしに「彼は最近どう?」と尋ねることも。母とデートしながらアルバムを買いに行ったり、どこかの街でコンサートが開催されると知ると駅へ散歩して列車のチケットを予約したりしたこともある。いつの間にか推し活が家族と過ごす時間の一部になった。

もちろん、最初からそうだったわけではない。ファンミーティングのためにソウルへ行くと言った時、母とわたし

ははじめて冷戦状態に陥った。体感として1週間（実際は約24時間）、言葉をまったく交わさなかった。釜山のコンサートに行かせてくれただけでも感謝しなきゃいけないのに、ソウルに行きたいなんて……。母の言葉を借りれば「無鉄砲にもほどがある」のだ。自由を抑圧するなと抗（あらが）うには、お金がなかった。わたしにできるのは、母の機嫌をさりげなく伺いながら、ファンミーティングに行かねばならない理由を10以上も並べてみることぐらいだった。

　母がソウル行きに反対した理由は、お金の問題だけではない。それはわたしも分かっていた。中学生のわたしが保護者もなしに遠出するのを、快く思うはずがなかった。でも、その人の人生初のファンミーティングの機会を逃すわけにはいかない。伝説となる瞬間をその場で見守らなければ、一生後悔するはずだ。母を説得する方法をもう一度考えた。年上のファン仲間と一緒に行くし、交通費とチケット代は貸してくれれば少しずつ返すから大丈夫。ひとりで歩き回ったりしないし、ファンミーティングが終わったらすぐに釜山に帰るから心配しないで。詳しい会話は覚えていないけれど、わたしのソウル行きは数日で確定した。今回も、母はわたしに譲歩してくれたのだ。早い者勝ちのチケット予約に協力してくれる人を探し、ファンミーティン

グに着ていく服を選ぶのに忙しい、わくわくするする日々がつづいた。

　ほどなくわたしは、フリマアプリの凄腕商人になった。唐突な流れに思えるかもしないが、母を説得した時に「交通費とチケット代は、貸してくれれば少しずつ返す」と約束したのが災いのもとだった。アルバイトをするには年齢が足らず、人形に目をつけたりピザの箱を折ったりする内職は、ドラマや映画にはよく登場するものの、現実には見つけることすら難しい。靴を磨いて小遣いを500ウォンもらう機会もなかったため、わたしはフリマアプリで稼ぐことにした。商品は、大事にしすぎて着ないまま小さくなってしまった服、数回しか履かずにしまいこんでいた靴、読み終えた童話全集など。ていねいに写真を撮って説明を書き、フリマアプリに載せた。わたしには必要のないものだったけれど、もうけはかなり良かった。コツコツ貯めて、母に借りたお金を返したりソウル行きの旅費にしたり。実際は靴も服も本も母が買ってくれたものだから、売り上げはすべて母に渡すべきだろうが、売り手としての苦労が認められたというわけだ。

望むものを勝ち取るために一生懸命努力したためか、それともソウルで楽しみ、無事に戻ってきたので安心したためか、母はだんだん反対しなくなった。許可を求める代わりに、いつどこに行くことに決めたと報告するだけでいい。そうなるまでは、顔色を伺い説得をつづける、闘いの日々だった。映画『成功したオタク』でインタビュイーになった母と向き合いながら、数多くのファンサイン会やコンサート、公開放送に参加できたのは、心が広い母のおかげだったと、ようやく気づいた。「悪いことをせずに、勉強と推し活をしっかり両立させたのが良かった」「どこに行くのか正直に教えてくれたから安心できた」と母は後になって語った。頭ごなしに反対するのではなく、わたしが何をしたいのか理解して自分の力でできるようにサポートしてくれた母に感謝している。そんな母に、ひとつ告白したいことがある。

　お母さん、日本に住む親せきがプレゼントしてくれた保温ポットが、突然消えたことがあったよね。犯人はわたし。わたしが売った。推し活の資金のために、目につくものはすべてフリマに出して家を潰しかけた娘をお許しください。サランヘヨ。

ソウルに向かう列車で過ごした時間

数えきれないぐらい列車に乗った。推し活をしていた時も、映画を撮っていた時も。

はじめてソウルに行ったのは、中学校の修学旅行だった。巨大な街を2日間だけでまわるため、観光バスであわただしく移動した。龍仁にあるテーマパークで1日目を、清渓川や昌徳宮、青瓦台などの名所を見学して2日目を過ごして釜山に戻るというスケジュールだった。もっと行きたいところがたくさんあったが、日程が限られた団体旅行だから、仕方なかった。そして思った。いつかまた必ずソウルに行こう。その時は、心のままにのびのびと歩いてみたい、と。そして1年も経たないうちに、ソウルを訪れることになった。ところが、ソウルで経験したことよりも、ソウルへ向かう列車で過ごした時間のほうが、ずっと記憶に残っている。

わたしはその人に会うために、はじめて長距離列車に乗った。あ、正確に言うと、はじめて高速鉄道・KTXに乗ったという意味だ。小学生の時に在来線の急行列車ムグンファ号で慶尚南道の密陽に行ったのを覚えている。当時はKTXの運賃が今よりもずっと高かったし、密陽はわりと近いのでムグンファ号でも十分だった。でも、ソウルは遠い。ムグンファ号だと5時間もかかる。2倍速で行ける代わりに値段も2倍のKTXのチケットを思い切って買った。座席が狭くてテーブルを下ろすと体を動かすのが大変だったけれど、それでも平気だった。わたしにとって、列車は単なる移動手段ではなく、とても特別な場所だったからだ。

　ファンミーティングが開かれるコンサートホールにすぐにでも行きたい気持ちでいっぱいだったが、まずは移動時間に耐えなければならない。KTXに乗ると、終着駅に着くまでひたすら待つのみだ。虚しさを感じる一方で、受け入れてしまうと新たな景色が見えてきた。

　窓の外をシュッと通り過ぎる風景、どことなく心地よい列車内の空気、真冬でもきらきらあたたかい日差し。コンビニで買ったおやつを食べながら、イヤホンをつける。何百回聴いても飽きない歌詞を心のなかで口ずさんだ。「今日もめちゃカッコいいに決まってる」「何の曲を歌うのか

な」「どんなトークをするんだろう」。楽しい想像がどんどん広がった。わくわくとドキドキがあふれ出し、3時間近い移動時間もあっという間に感じられた。「待つことさえ幸せなのが愛だ」というフレーズを聞いたことがある。だったらこれは、まぎれもなく愛だ。

　ソウルでコンサートやファンミーティング、公開放送などがあるたびに、KTXに乗った。そのうちに、自分なりのルーティンができた。まず、窓の外をぼんやりと眺める。空とつながる川を越えた先に広がる野原。びっしりと並ぶ小さな家々。時折すれ違う列車……。季節ごとにうつろいゆく景色にいつも胸がときめいた。車窓のまぶしい風景が目に沁みてくる頃、バッグから日記帳を取り出す。ペンを手に文章に集中するうちに、列車の座席はわたしだけの小さな部屋になる。誰にも話しかけられない、誰にも邪魔されない、大切な空間。一瞬のひらめきや思いを記録するのは、ひとつの楽しみだった。時には日記帳ではなく便箋を取り出すことも。手紙を書く相手は、いつもあの人だった。日記や手紙を書き終えると、きまってスマートフォンをチェックした。実際のところ、推し活をする時間の8割はスマホを覗いている。新しいニュースがないか、息をするレベルでスマホをたえず確認し、水を飲むたびにその人の名

前を検索し、Twitter（現X）やファンカフェの書き込みを
くまなくチェックする。アルバムのリリース直後の1〜2
か月は、曲をくり返し聴くのがデフォルトで、ミュージッ
クビデオの再生回数もチェックしなければならない。だか
ら、推し活をする人はいつも大忙しだ。KTXに乗ってい
る時も例外ではない。スマートフォンの世界にどっぷり漬
かっていると、ソウル到着を知らせる懐かしいメロディー
が流れてきた。

　一瞬目を閉じて休む時間さえ惜しむほど、充実したひと
りだけの時間が好きだった。ソウルでは新村から弘大まで
ぶらついたり、ひとりで景福宮を散歩したりもしたけれど、
一番記憶に残っているのはKTXのなかで過ごした時間だ。
街の空気を吸う時間よりも列車に座っている時間のほうが
長かったからかもしれない。帰りの車内では、イベントに
期待しすぎてガッカリしたり、楽しすぎてグッタリしたり
することもしばしばだった。でも、ソウル行きの列車のな
かでは、いつもわくわくしていた。おそらくその時期の釜
山発ソウル行きのKTXで、一番幸せだった人はわたしだ
ったかもしれない。無条件にハッピーにしてくれる人のも
とへ向かう道だったから。

　　　　　　　　　★

　再び釜山とソウルを行き来する列車に乗るようになった
のは、映画をつくりはじめたのがきっかけだ。ソウルにあ
る大学を休学して釜山に戻ったけれど、撮影のためにたび
たびソウルに足を運んだ。最初に訪れたのは、裁判所だっ
た。蒸し暑かった7月半ば、初公判が開かれると聞いたか
らだ。法廷は撮影禁止だと知っていたが、裁判の現場を見
たかった。せめて裁判所への道や周りの風景ぐらいはカメ
ラに収めたいと思った。だから、またKTXに乗った。数
年前とはまったく異なるシチュエーションでソウルに行く
のは、本当に残念だった。わくわくしていた過去のわたし
には想像すらできない理由で、列車に乗る。みずみずしい
気持ちで目的地に到着するのを待つのは、もうムリだった。
駅に降りた後に向き合う光景を考えると、ため息がこぼれ
た。

　裁判の傍聴には、情報もなく要領も得ないまま、とにか
く行ってみた。目の前が真っ暗になった。本格的にカメラ
を回すのははじめてだったので緊張もした。怖かった。と
きめきも期待もなく、絶望に襲われたが、だからといって
何もしないわけにはいかない。列車の窓をぼんやりと眺め

るのではなく、流れゆく景色を撮影した。青々と生い茂る木々と雲が映る川辺をカメラに収めた。ぎっしりつまったアパートと太い電線でつながる送電塔も。山のトンネルを走り抜ける時、窓ガラスにくっきりと浮かび上がる自分の姿にびっくりしたりも。

　文章も書きつづけた。でも以前のように、ペンを持つ手が痛くなったことにも気づかないほど楽しい日記や、愛情たっぷりの手紙を書いたわけではない。事前につくった撮影計画書を見直して、少しずつ手を加えていったのだ。裁判所に行く心境も記録した。スラングの羅列や「ふぅ」「はぁ」みたいなため息を文字化したメモにすぎなかったが、とりあえず書き留めていた。いつか使う日がくるはずだと信じて（実際に、映画のナレーションを書く際に、このメモが役立った）。歌を聴いて気持ちを落ち着かせたり、裁判について新しい記事が出ていないか確認したりもした。前とは目的は違うけれど、同じように窓の外を眺めたり、文章を書いたり、スマホをチェックしたり。普段はぐずぐずしてるのに、列車に乗るとせかせかと用事をこなす。わたしにとって狭い席が特別な場所なのは、事件の前も後も変わらなかった。

　小さなテーブルの上に載せたMacBookで動画の編集を

したり、席に座る間もなく出入り口近くの通路で電話をしたり、車窓の景色を何度も撮影したり。また、取材の内容や感じたことを急いでメモしたり、睡眠不足を補うために目を閉じたりもした。推し活をしていた中学生の時の思い出の数を、『成功したオタク』をつくりながらKTXに乗った記憶が超えていく。そして、かつて夢に見た街、ソウルで映画を完成させた。

　回数は少なくなったけれど、映画をつくり終えて再びソウルに住みはじめた後も時々KTXに乗った。提出が遅れてしまった上映用の素材を届けたり、母や友だちに会うために釜山を訪れたり。映画祭の上映スケジュールに合わせて、釜山、大邱、木浦を列車で行き来したことも。そのたびに心によみがえった。駅に着いた後に起きることに期待を膨らませていた15歳のわたし。そして、駅に着いた後に起きることに不安を募らせていた20歳のわたし。思い返せば、列車に乗った目的は異なるけれど、すべては旅だったのだ。あの時の記録はすべて日記であり、紀行文でもあった。紀行文のような映画をつくりたいという願いが叶ったのは、列車での体験があったから。推し活から始まっ

たわたしの旅は、映画『成功したオタク』とともに、さらに遠い場所へとつづいていくのだ。

処分に困るほどの思い出

　想定外の出来事によって推し活は終わってしまったけれど、多くのものが変わらず残っている。未練や怒りのような感情ではなく、もうちょっと具体的なもの。好きになるほどもっと知りたくなり、深く知るとその人がより素敵に見え、素敵だと思うとその人みたいになりたいと願うのは、ごく自然な流れだ。好きな人を真似たいと努力して得たものは、もうすっかり自分のなかに溶け込んでいるので、推し活が終わっても消えることはない。その人の習慣や考え方は、まるで慣性の法則が働いているかのように変わらない。身についたまま。わたしのなかには、処分に困るほど膨大な思い出が残っている。

★

　数々の思い出のなかから、グッズについて話そう。わたしはその人の顔や名前がプリントされたものなら、公式・非公式は関係なくすべて手に入れようとした。しかも、すごく原始的なやり方で。ファンになった当時は、その人がまだオーディション番組に出演していた時期で、グッズの

大量生産はありえなかった。まだ芸能人じゃなかったから。でも、グッズが欲しかったので、自分でつくることにした。お気に入りの写真を集めてパソコンで編集・保存して、友だちに送った。家にはプリンターがなかったから。親切な友だちは、宿題をプリントアウトするフリをして、高価なカラーインクをたっぷり使って写真を印刷してくれた。A4用紙1枚に並んだ5枚ほどの写真を、わたしはハサミでとても慎重に切り分けた。マグネット付きペンケースのフタの上に小さくカットした写真を置いてみた。配置を一生懸命考えた末に、透明テープで貼り付けた。オッパの顔でいっぱいのペンケースの完成だ。20年ほど前にも、推しの写真を貼ったハンドメイドの下敷きが流行していたことを後になって知った。第1世代のアイドルH.O.T.のファンが主人公のドラマ『応答せよ1997』にそんなエピソードがあったのだ。昔も今もファンの心理はまったく変わっていないという事実が、すごく笑えた。

その人がデビューすると、わたしはさらにどっぷり沼にハマっていった。当時、中高生に人気のアイドルの名札や、雑にデザインされたステッカーのセットなどが流行っていた。でもわたしの推しは、若者に人気があるスターではなかったので、ファンたちは自ら グッズをつくるようになっ

た。チークやハートを描いてキュートにデコったステッカ
ー、ビジュアル最高の瞬間を集めたカレンダー、自分で撮
った高画質フォトセット。眺めているだけで気分があがる
グッズが数十〜数百種類もつくられた。それだけではない。
ファンの創造力はすばらしい。その人のタトゥーと同じ形
の電磁波遮断シール、サインとメッセージが記されたモバ
イルバッテリー、ギターピック、ステージに立つ姿のスタ
ンプ、イニシャル入りのブレスレット。さらにクッション
やメガネ拭きも。プリントしたロゴや写真を活用して、あ
りとあらゆる種類のグッズが生まれるのだ。ファンのハン
ドメイドグッズの主な販売ルートは、インターネットだ。
小さなメモ用紙やステッカーなどは、当時ティーンエイジ
ャーに人気だったSNSのカカオストーリーでもよく見か
けた。でも、3000ウォンぐらいのメモを買うために同じ
ぐらいの送料を払うのは、すごくもったいない。それは売
り手も察しているため、3000ウォンを支払って安心安全
の宅配便を利用するか、紛失の可能性がある送料500ウォ
ンの普通郵便で受け取るか、必ず尋ねてきた。普通郵便を
選んだ時には、1週間ひたすら郵便受けをチェックした。
コンサートやファンミなどの重要なイベントでは、会場近
くでファン自作の数量限定グッズを買うこともできた。も

ちろん、所属事務所がつくったオフィシャルグッズも売られていて、そのなかにはペンライトやスローガン、タオルなど、イベントですぐに使えるものだけでなく、過去に人気が高くて買えなかったグッズもあった。同じ人のファンだという共感で結ばれた売り手と買い手は、優しくあいさつや言葉を交わし、売り手は小さなお菓子やステッカー、うちわのようなおまけをつけてくれた。いつもお互いの存在に感謝していて、それを行動で表現したのだ。

　わたしが持っていたグッズの大半は、実は自分で買ったのではなく、ソンムル［선물 プレゼントを意味する韓国語。K-POPのコンサート会場では、開場を待つ間などに見知らぬファン同士がシールやお菓子などの小さなソンムルを交換することも多い］としてもらったものだった。ファンダムにはイモ［이모 母方のおばを指す呼称。転じて、年上の女性を親しみをこめて呼ぶときにもよく使われる］が多く、それは中学生のわたしにとって大いなる「特権」だった。イモたちは「一生懸命勉強しろ」なんて言わない。それどころか、おいしいものやグッズをたくさん買ってくれたりもした。当時はイモたちがお金持ちだからだと思っていたけれど、今思えば、

美しいものを一緒に分かち合いたいという気持ちだったのかもしれない。同世代のファンと会うときも、ソンムルは欠かせなかった。100枚単位で売られていたメモのうち20枚を、友だちの持っていた違うデザインのものと交換したり、いろいろな種類のステッカーを封筒に入れてあげたりした。ファンカフェで知り合った韓国各地に住む友だちに住所を聞いて、お菓子やグッズを送ったこともある。一方的に与えるだけ、もらうだけではない。グッズは、ファン同士をつなぐ友情の証だった。

　ファンたちがこうした創作活動に燃えるほど、グッズはどんどん増えていく。そのうえ写真集やインタビューが載った雑誌、そして毎年新たにリリースされるアルバムまで加わって、わたしの本棚はパンパンになった。歌手としてのキャリアを積むにつれてさまざまなオフィシャルグッズも販売され、集めるのが楽しくなった。グッズに指紋をつけたくなかった。その人の顔が描かれた貴重なものを使うのは、もったいない。「グッズは使用用、保存用、自慢用に３つ買わねばならない」という笑い話が生まれるのも納得だ。わたしが情熱を注いだのは、保存用にグッズを集めることだった。ただ本棚に見栄えよく並べるだけ。満足げな表情を浮かべながら。

その頃、ある事実に気づいた。それは、最高のグッズは、推しに直接サインをもらったアルバムだということ。大好きな歌と顔、その人が触れた痕跡、すべてが収められているからだ。運よくサイン会に何度も参加できたわたしが最後までずっと大切にしていたのは、サイン入りアルバムだった。誰かから買うことも、プレゼントしてもらうこともできない、推しがわたしのためにサインをしてくれた唯一無二のアルバム。その日の気分や雰囲気によって違うサインに添えられたコメントを、解釈するのも楽しかった。サイン入りアルバムを見つめると、その人と交わした短い会話がすぐに生き生きとよみがえる。世界でひとつだけの、ただわたしだけのためにつくられたような最強グッズ。そこには時間さえも封印してしまうパワーが宿っていた。

　映画『成功したオタク』には、もはや無用の長物になってしまったグッズの葬式を行うシーンがある。そのためか、「弔ったグッズは、その後どうしたのでしょうか」と、よく尋ねられる。もう必要なくなったモノたち。向き合うたびにドキッとさせられるモノたち。もとは大したことないモノに自ら大きな意味を与えたためか、推し活をやめた後

もなかなか処分できなかった。一つひとつにこめられた思い出やストーリーがなければ、冷静にゴミ箱に放りこめたのだろうか。わからない。捨てられないのは、飾って楽しみたいからではない。わたしたちの友情のしるしだった小さなモノたち。それらにしみついている、幸せだったかつての自分を消してしまうことができなかったのだ。

　今もグッズをたくさん持っている。「スーツケースに全部入れて屋根裏にしまっているなら、捨てたのと同じでは？」と自分に問いかけた。紙やプラスチックだけでなく、いろんな素材でつくられたグッズを燃やすよりも、じたばたせずにそのまま持っているほうが環境にも優しいはずだから。内なるもうひとりの自分が、「良い考えだね」と答えた。好きだという気持ちを引きずっているわけでも、もしかしたら……という淡い期待を抱いているためでもない。グッズに刻まれた記憶と時間を捨てることができなかったのだ。「なぜ、わたしは今もグッズを持っているのだろう」。そう自問するたびに心の底からさまざまな理由が湧きあがり、処分するのをやめた。こんなふうに半分だけオタ卒したような状態にもかかわらず、捨てずに取っておいたおかげでグッズが映画に「出演」することができた。未練がましい性格が、役に立ったはじめての出来事だった。

推しの世界とつながりたかった

　誰かを好きになると、その人とおそろいにしたくなるというのは、当然のこと。でも、わたしは特に重症だった。凛として揺るぎない意思をもったフリをしていたけれど、実はいろいろなものにハマり、そのたびにおそろいを目指していた。8歳の時には、デビューしたばかりだったバンド、FTISLANDのメインボーカル、イ・ホンギのことが1か月だけ好きだった。パワフルな声もハンサムなルックスも好きだったが、特に気に入ったのはヘアスタイルだ。当時流行の最先端だったシャギーカット。わたしも髪にシャギーを入れた。それなりに頑張って伸ばしてきた髪が結びにくくなってしまったのが残念だったけど、好きな人とおそろいというのがうれしかった。もちろん、わたしが一方的にマネしただけだが……。その後も推しのマネをしつづけた。少女時代の「Gee」は、愛すべき名曲だった。さわやかで元気なメロディー、一度耳にしたら忘れられないフック、透明感のあふれる明るい表情のオンニたち。今でもポイントダンスと歌詞をすべて覚えているほど、何度も見て聴いた。当時、国民的スターだった少女時代は、ミュ

ージックビデオや音楽番組で身につけた衣装も大流行させ
た。代表的なのがカラースキニージーンズだ。学校では、
毎朝友だちのパンツのカラーをさりげなくチェックして、
同じ色を着ないようにする密かな闘いが繰り広げられてい
た。勝者は、先に好きな色を買った人。パープル、レモン
イエロー、赤、黄緑、ピンク……。たくさんある色の中か
ら、わたしはミントカラーを選んだ。すごくきれいに思え
たからだ。

　ほんの一瞬好きになっただけで、髪をバッサリとカット
し派手なパンツを買った。そんなわたしのおそろい癖は、
長いあいだ深く心を寄せて推し活をするうちに、さらに大
胆になった。好きな気持ちが消えれば、髪はまた伸ばせば
いいし、パンツは捨てればそれで終わりだけれど、捨てら
れずにずっと残っているものがある。グッズやアルバムの
ように形があるモノではなく、趣向や価値観のようなもの。
レザージャケットを着てアコースティックギターを抱えた
ルックス、ちょっぴりワイルドで古い曲が並ぶプレイリス
ト、言葉遣い、行動、そして座右の銘まで、わたしは可能
なかぎりその人の真似をした。その人のファンにならなか
ったとしても、同じスタイルやアイテムを好きになってい
たかもしれない。だけど、過去なくして現在を想像するの

は不可能だ。推しのお気に入りが知りたくて、とことん掘り下げた結果、憧れるようになったものも多い。「愛することは世界を広げる経験だ」という言葉に激しく同意しながら、その人に影響を受けた数々を紹介したい。

1.ロックバンド

　バラエティ番組で芸能人としてブレイクし、大ヒットした曲の多くはバラードだったため、その人がロックミュージシャンだったと知らない人も少なくない。でもファンにとっての彼は、ロックにガチな、ロックのために生まれたような人だった。オーディション番組でキム・グァンソクのバラード「ホコリになって（原題）」をロックアレンジで歌い、生放送で勝負する最初の曲にＴΔＳ［1980年代後半に活躍した韓国のハードロック/メタルバンド］の「毎日ずっと待って（原題）」を選んだ。脱落の危機に直面した時は、「人生で一度ぐらいは失敗することもある」「俺はロックをするんだ」と叫びながら、春夏秋冬［1988年にデビューしたふたり組のフュージョン・ロックバンド］の「アウトサイダー」を歌った。その後、ラジオDJとして活躍した時も、たびたびロックバンドの名曲をカバーして聴かせてくれた。

レディオヘッドの「High and Dry」、レッド・ホット・チリ・ペッパーズの「CALIFORNICATION」、ガンズ・アンド・ローゼズの「Welcome To The Jungle」、「Knockin' On Heaven's Door」といった曲を、その人のおかげではじめて知った。推しの推しがカート・コバーンだったというだけで、「Polly」や「Breed」などニルヴァーナの曲を何度聴いたことか。まともに理解できていない英語の歌詞を、一生懸命口ずさんだ。

しばらくのあいだ、ロックを聴くことができなかった。その人のことを思い出すから。では、なぜまた聴くようになったのか。自分でもよくわからない。友だちと話している時に曲のタイトルが話題になったのか、耳になじんだメロディーが偶然流れてきたのか。とにかく記憶をたどりながら、ロックのプレイリストをつくった。以前は「その人がいいって言うから、いいんだろう」ぐらいだったけれど、今は違う。こんなにもストレートで強烈な音楽、ロック。思い切り叫び、アツく燃える音楽、ロック。韓国では、なぜロックがマイナーなのか。理解できない。だんだん昔の記憶を超えて、自分だけの思い出がたくさんできた。雨の日にはガンズ・アンド・ローゼズの「November Rain」、勇気がほしい時はボン・ジョヴィの「It's My Life」を聴

く。レディオヘッドの「Creep」をかけるとなぜか魂が揺さぶられ、オアシスの名曲の数々にはいつも癒された。映画『ブラック・ウィドウ』(2021) の印象的なオープニングシーンでニルヴァーナの「Smells Like Teen Spirit」が流れた時には、「ついにロックが復興を遂げた」とわくわくしたが、残念ながら期待は叶わなかった。まあ、それでもいい。これからもロックが好き。それだけで十分だ。推し活は終わったけれど、Rock will never die!

2. ギター

中学時代にわたしが演奏できた楽器といえば、リコーダーとハーモニカ、韓国の伝統楽器の短簫（タンソ）、オカリナだ。すべて管楽器で、歌いながら演奏するのはムリ。ピアノ教室にも少しだけ通ったけれど、家に早く帰ることばかり考え、練習した数だけシールを貼るレッスンノートも改ざんしてやり過ごしていたので、何を学んだのか記憶がほとんどない。でも、あの人のように歌いながらギターを弾いてみたかった。あの人の曲を演奏したかったし、曲もつくりたかった。ギターを手に入れてやってみたいことが山盛りだった。それならば歌手を夢見たりもしそうなものだが、そこ

までいかなかったのは、本当に幸いだった。

　国語の先生が校外で開催される作文コンクールをいくつか教えてくれた。文章を書くのがすごく楽しい時期で、特に期待もせずに書いた作文が大賞に輝いた。賞金は100万ウォンだった。そんな大金をもらったのははじめてで、毎月のお小遣いは5万ウォン足らずだったわたしは、その何十倍ものお金を何に使うかすごく悩んだ。結局、母に「お金を預ける代わりに、ギターを買って」と頼んだ。あの人とおそろいのプロ用の紫色のギターはある程度のレベルになったら買うことにして、ごく平凡な初心者用アコースティックギターをゲット。わたしの持ち物のなかで、一番高価で大きなものだった。

　演奏したい曲の楽譜をインターネットで検索して買った。コードが記された楽譜は、やたらと難しかった。適当に弾けばギター特有のやわらかい音が出ると思っていたが、そうではなかった。弦がギシギシ音を立て、指のあいだが裂けるような痛みを感じながら、どうにか一つひとつの音を鳴らしていった。演奏というにはほど遠い、「ギターの弦をはじく」というレベル。最初の数週間は、ギターへの熱い愛ゆえに楽譜にメモをしながら毎日少しずつ練習を重ねたけれど、長くはつづかなかった。指が短い人はギターに

向いてないって、誰かが教えてくれたらよかったのに。今
も弾けないままだが、一番ロマンチックな楽器はギターだ
とずっと思っている。

3.ファッション

　芸能人たちは、事務所などに行く途中でファンに会うこ
とを想定して身なりを整える。スターの私服姿は写真に撮
られたりして記録に残り、長く話題になるからだ。でも、
その人は違った。誠意がないと批判されそうな格好で、テ
レビ局や空港、ライブ会場に現れた。特に夏になると自由
奔放さがピークに。首まわりが伸びきって鎖骨があらわに
なったよれよれのTシャツに、ボーボーのすね毛が丸見え
のショートパンツ、ずるずる引きずるビーチサンダル。恥
ずかしいけれど、わたしはそんな姿が好きだった。それこ
そが本当のカッコよさだと思っていた。だからわたしも、
垢がついても目立たないダークカラーの半そでTシャツ
を着て、首まわりをわざと引っ張ってよれよれにした。こ
れは本当に後悔している。きれいなTシャツを台無しにし
ただけでなく、そんなスタイルはわたしにまったく似合わ
なかったから。

その人が好きだったレザージャケットとダメージデニム
も魅力的だった。そういう服を、季節を気にせず着るのが
カッコいい。こんなふうに思っていたのは、わたしだけで
はなかった。ファンが集まる場所に行くと、極寒の空の下、
一目で新品とわかるレザージャケットを着て震えている人
がかなりいた。ダメージデニムの破れた穴から見える膝は、
真っ赤に凍りついていた。でも、誰も「なんでこんな日に
寒い格好を」ととがめたりはしない。みんな気持ちを理解
していたから。通りすがりの人たちは、きっとレザージャ
ケットを共同購入したのだろうと勘違いしたかもしれない
と想像すると、笑える。ダメージデニムはもう着ないけど、
美しくエイジングしたレザージャケットは、いまでもわた
しのウィッシュリストに入ったままだ。

4.外国語

　その人は英語、中国語、日本語、タガログ語がペラペラ
だと話していた。時々テレビでその実力を披露した。海外
でロケ中にトラブルが発生した時もスムーズに解決し、外
国人と流ちょうに会話するシーンもしばしば登場。たとえ
鼻クソを食べたとしてもかわいいのに、賢く才能もあるの

だから、愛さずにいられない。その人が外国語を話す動画を数えきれないぐらい見た。その代わりに語学の勉強を始めていたら、今頃わたしも3か国語ぐらい軽くペラペラになっていたかもしれないが(笑)。

　いや、勉強しなかったわけじゃない。恥ずかしくないファンになりたいと誓い、愛する人にふさわしいレベルの人間になるという強い意志のもと、中国語を学ぶことにした。ただし、やり方を間違った。ギターと同じように趣味で学べばよかったのに、外国語高校の中国語科に進学しようと決心したのだ。「人生を左右する重要なことを芸能人にほだされて決めてしまった」と言われないように、「大学進学率を見て決めた」とウソをついた（推し活をしていると、自然とウソがうまくなる）。高校卒業から5年経った今も、この事実を正直に話したことはない（この本で明かしたのがはじめてだ）。本当にとんでもないオタクだった。

　良い影響も悪い影響も、何らかの形で残ってしまうもの。でも、その人へのお礼の気持ちでこの文章を書いているわけではない。わたしが「好きだ」と言うものを、本当に「わたしは」好きなのか、すごく悩んだことがある。その人が好きなものをわたしも好きなフリをしているだけなのかもしれない、と。他人が好きなものはよく知っているの

に、自分が本当に好きなものは分かっていないのかも。だとしたら、わたしを形づくるものは、結局、他人の物真似にすぎないのだろうか。この考えは、完全に的外れというわけではないだろう。その人に関する大好きなあれこれを真似しながら生きてきたという事実は、否定できない。好きだから、おそろいにしたいという気持ちはどうしようもない。

　推し活をしていると、推しが住む世界とつながりたくなることがある。つながって、探検すればするほど、そこに存在していたものが自分のなかに移り住む。すると真似したくなり、だんだんそっくりになっていく。おそらく無意識のうちに、「好き」という気持ちがわたしのさまざまな部分に影響を与えていたのだろう。だから、憧れていた人とおそろいにして、それがもっとも自分らしいスタイルだと感じたこともあった。残念なエンディングとなった推し活だったが、その人から受けた影響をすべて消去したいとは思わない。それは不可能だ。強調したいのは、きっかけはその人だったとしても、わたしの経験の主はわたしだったということ。その人なしでも崩れずに残っているのは、

わたしだけの世界。誰かをまた好きになったら、再び推しの世界を少しずつ探検していくだろう。もしかするとそれこそが、わたしが何かを推しつづけたいと思う理由なのかもしれない。そんなふうに形づくられたわたしの世界は、果てしなく広がっていくのだから。

わたしにはもう推しは存在しないのか

　最近は、推し活に楽しさを見出せない。自己紹介で誰かのファンだと言えるか考えてみたけれど、浮かぶのはもう過去になった名前ばかり。コロナ禍でオフラインのイベントが２年以上も制限されている状況はさておき、コンサートやファンミーティングに行ってみたいと思う人がいないのだ。誰かを好きだと言うことにも用心深くなっているのだが、そもそも打ち明けたい気持ちを抑える必要自体がなくなってしまった。そんな状態がしばらくつづいている。映画『成功したオタク』がきっかけで、何度か「ファン」というテーマでエッセイを書いたりもしたのに、オタ卒してしまったなんて。わたしにはもう推しは存在しないのか。わたしはもう推し活を楽しむことはないのだろうか。それなのに、なぜか毎日すごく忙しい。仕事で多忙なのではなく、観るべきものがありすぎるのだ。おかしな話だ。推し活というには少し熱量不足な気もするが、あまりにも多くの時間と愛を注いでいる。これは、一体どういうことなのか。

★

　ソウルの映画館indiespaceで『成功したオタク』を特別上映した時のこと。オープンチャットで質問を受ける形式のGVの最中に、「最近は何が好きですか」というメッセージがパソコン上に見えた。その瞬間、ハマって3日目だった綾野剛の名前を叫んだ。観客がざわついた。「監督の好きなタイプはぶれないね」と……。とにかく、当時わたしは日本のドラマ『MIU404』を一気見して、余韻に浸っていたのだ。以前面白いと思ったドラマ『重版出来！』『逃げるは恥だが役に立つ』『アンナチュラル』と同じ脚本家、野木亜紀子の作品と知って期待して観たところ、どっぷりハマってしまったのだ。特に時に危なっかしいけれど野生の感覚を持つ、警視庁巡査部長の伊吹藍が好きになった。伊吹藍を演じていたのが綾野剛で、キャラクターへの愛情が俳優へと移っていったのだ。インタビューやエピソードをインターネットで検索して読むうちに、俳優という職業にいつも誠実で慎重な綾野剛に感動を覚えるようになった。作品ごとに新しい試みに挑戦し、まったく違う演技を見せる姿は尊敬に値する。

　綾野剛は、20年近いキャリアの間、ほとんど休むこと

なく活動している。さらに最近では毎年4〜5本の映画やドラマに出演している。作品を宣伝するためのインタビューやテレビ出演まで合わせれば、ファンにとっては膨大な量の「供給」がある。綾野剛が休まず働くから、わたしも休まずいろいろ観なければならない。ドラマ『最高の離婚』『恋はDeepに』『新聞記者』『コウノドリ』までノンストップで見たが、それでも出演作品の10%足らず。朝目を覚ましてから夜寝るまでずっと映画とドラマを観るほど綾野剛が好きになった。もちろん、良いこともあった。おかげで日本語が少しずつ聞き取れるようになり、ちゃんと勉強をしてみようと決心した。でも、あふれる供給におぼれて息をする方法さえ忘れてしまいそうになったため、しばらく距離を置くことにした。だったら、これは推し活と言えるのだろうか。もしかしたら、わたしが好きだったのは俳優の綾野剛ではなく、ドラマの伊吹藍だったのかもしれない（ちなみにこの文章を書いているのは2022年3月だ）。

　映画を観る時に感じるかすかなプレッシャーを振り払うことができず、家ではドラマを楽しむようになってから1年以上が経った。この3か月で観たドラマは15作品。そのうち5つは現在放送中で、毎週チェックを欠かさない。さまざまな作品を観ることで心のバランスを保ち、戦闘力

を高めて、より豊かに生きたいと思うし、すばらしい俳優を発見することもできて良い。問題は、何事も始めたら最後まで見届けたくなるわたしの性格だ。韓国のテレビで放送されるミニシリーズは12話から16話で、最近インターネットで配信されるオリジナルシリーズは6話から10話程度。すべてのエピソードが公開されている場合、一気見するか、遅くとも3日以内に全部観ないと気が済まない。続きが気になって次のエピソードを再生することもあるが、「つまんない」とつぶやきながら無意識に観つづけることもある。どんなに面白くないドラマでも短期戦でケリをつけねばならないという、闘争心のようなものが湧いてくるのだ。無駄に執着するせいで、睡眠も健康も失い、せっせとドラマを観まくっている間に時間は飛ぶように過ぎていく。結果、毎日おしりに火が付く、つらい日々を送るのだ。

　そこで、わたしなりのルールをつくった。「食ドラ」、つまり家でご飯を食べる時にだけ観るドラマを決めて、1日1エピソードずつ観ることにした。自分自身との約束だったらあっという間に破ってしまいそうだが、姉に対する義理を守るため、そうはいかなかった。次のエピソードを先に見てしまうと、一緒に楽しめなくなってしまうので、続きが知りたくてもぐっとこらえた。そんなふうにして、

たくさんのドラマを観た。『星から来たあなた』『怪物』『大丈夫じゃない大人たち〜オフィス・サバイバル〜』『グレイズ・アナトミー 恋の解剖学』『七人の秘書』『私の男の女』『未成年裁判』など、すべて挙げるのは難しいぐらい幅広く。その中にはJTBCのドラマ『調査官ク・ギョンイ』もあった。イ・ヨンエ、キム・ヘジュン、キム・ヘスク、クァク・ソニョン。大好きな俳優が重要な役で登場するだけでなく、衝撃的なくらいカッコよかった。イ・ヨンエが酒とゲームをこよなく愛する調査官に扮する姿を観るのは、とても希少で貴重だ。明るい笑顔で武装した殺人鬼役のキム・ヘジュンも！『調査官ク・ギョンイ』で唯一残念だったのは、たった12話で終わってしまったことだ。

　そして発掘したのが、イ・ヨンエを長時間見つめることができる54話のドラマ、『宮廷女官チャングムの誓い』だった。この展開を不思議に思うかもしれないが、驚くべきことに本当の話だ。幼い頃にドラマのテーマソング「オナラ」を歌った記憶はあるものの、内容はほとんど覚えていない。だからもう一度観ることにした。でも、そうすべきではなかった。墓穴を掘ってしまった。予想できない問題が登場人物たちに次々と襲いかかるストーリーに、ぐいぐい引き込まれてしまった。昨日まではかわいがられていた

チャングムが今日は宮廷から追放され、ついさっきまで楽しそうに料理をつくっていたチャングムが突然味覚を失う。各エピソードが終わるタイミングもとても巧みで、画面が静止画のようになった瞬間、いつものテーマソング「オナラ」が鳴り響く。まったく憎い演出だ。

　心をざわつかせるチャングムは、いったん観始めると途中でやめられない。だが、54話のドラマを一気に観るのは不可能だ。姉と「食ドラ」の約束をしていなかったら、「54時間ドラマ視聴耐久チャレンジ」のような無謀なことをしたかもしれない。『宮廷女官チャングムの誓い』がわたしと姉の「食ドラ」の定番になったおかげで、好きなものをちょっとずつ楽しむ気持ちが多少はわかるようになった。姉にナイショで先に観て、とぼけてもう一度視聴しようかと思ったけれど、作品の緊張感や面白さをできるだけじっくり楽しみたい。簡単には越えられない時間の壁が立ちはだかる『宮廷女官チャングムの誓い』によって、幸せを少しずつ分けて味わう術を学んだような気がする。最終回まで完走したら、ドラマの聖地・韓国民俗村に行かなければ。

どうやら今のわたしの推しは、ドラマのようだ。この文章を書きながら考えてみると、ほとんど中毒レベル。では、なぜ自分がドラマオタクだという事実に気づかなかったのだろうか。自分自身を「ファン」と呼ぶのに特別な経歴は必要ないと分かっているのに、なぜこんなにも慎重になってしまうのか。以前の推しへの情熱と同じレベルでなければ、それは「推し活」ではなく「ちょっとした興味」というカテゴリーに入れてしまう。でも、好きな気持ちに大小はない。最近、わたしが一番ハマっているのはドラマだ。一番多くの時間を費やしているのもドラマだ。最高にわくわくする時間を過ごしているのに、もう推し活では楽しい時を過ごせないと思いこんでいた自分が笑えてくる。はっきり言おう。今のわたしの推しは、ドラマだ。ドラマファンを自認すると、さらに語りたいことが多くなる。ガールズグループと俳優、ウェブトゥーン、映画、文房具、特定のブランドへの関心。いや、推し活の心理についても話したいことが無限大にある。残念ながら、それは別の機会に……。

本日
『成功したオタク』11:00の回
は満席となりました。

何卒ご了承ください。

本日
『成功したオタク』13:05の回
は満席となりました。

オタク』17:30
なりました。

承ください。

日本語版
あとがきにかえて

セヨンのノートより

2024年春、日本での映画公開を控えた日々、
そして来日時に綴られた言葉をここに記した。

エイプリルフールに
届いたメール

　2023年春。映画祭での上映から韓国での劇場公開まで
の1年以上の長い期間、ひと言では語れないほどいろい
ろな出来事があったが、すべて無事に終了した。以前とは
多くのことが変わるなか、授業や課題に追われる大学生活
に戻って1か月。当時のわたしは、学校の勉強のほかにも、
さまざまな原稿の執筆、撮影、ポッドキャスト、講義など
をこなしながら、インタビューや上映の依頼にも応じて、
かなり忙しい日々を送っていた。そんなある日、1通のメ
ールが届いた。送り主は、日本の映画の配給会社だと自己
紹介する石井さん。『成功したオタク』の日本公開を提案
する内容だった。ありえない。返事を書く前に、何度もそ
のメールを読み返した。本当に？　なんで？　どうやって
この映画のことを知ったの？　あー、もしかして嘘？　そ
の日は、2023年4月1日。疑っても当然のエイプリルフ
ールだった。こんな嘘ならだまされてもうれしいかも……
と思いながら、石井さんに映画のリンクを送った。数日後、

返事が来た。映画の感想とととともに、ぜひ『成功したオタク』を日本で紹介したいと書かれていた。

　韓国の観客を想定してつくった映画ではあるが、海外の観客にも会ってみたいという気持ちもあった。でも、版権の輸出代理店なしには、外国で上映するのは難しい。そのため、海外ではいくつかの映画祭で上映されたのがすべてだった。そんななか、日本で公開の機会が与えられるのは不思議で、ありがたかった。

　石井さんとのメールのやりとりは、1年間ずっとつづいた。メールを開くたびにドキドキした。日本の観客に会えるというわくわくした気持ちからくる「ドキドキ」であると同時に、英語で返信しなければならないプレッシャーや緊張感による「ドキドキ」でもあった。母国語ではない言語で仕事の話をするのは、本当に難しい。普段ならすぐに返事ができる内容でも、2倍、3倍の時間がかかった。一度も会ったことがない方に送るので、さらに慎重になった。でも、おたがいの健康を気づかったり、韓国と日本で話題になったニュースをシェアしたり、ころころ変わる天気について話したりするうちに、ビジネスパートナーと仕事に

ついての意見を交かわすというよりも、ペンパルと友情を
分かち合うような楽しさを感じるようになった。

　エイプリルフールに届いた嘘のようなメールから始まっ
たやりとりは、100通近くになった。そうしているあいだ
に、日本ではSNSを中心に『成功したオタク』が話題に
なりはじめていた。日本に行く日が近づいていた。

日本公開前夜祭

「羽田空港でお待ちしています」

　石井さんのLINEメッセージを確認し、飛行機に乗った。ほどなくして到着した空港には、『成功したオタク』のポスターを手にした配給会社ALFAZBETの石井さんと露無さんが笑顔で立っていた。空は曇っていたが、東京に到着したのがすごくうれしくて、窓の外を通りすぎる東京タワーや渋谷のスクランブル交差点を眺めながら、心のなかで叫んだ。東京に来た！　そして、日本で見たいと楽しみにしていた桜の花を車窓から探した。

「さくらは、どこですか？」

　知っているかぎりの日本語を集めてたずねると、石井さんと露無さんは声を上げて笑った。今年は桜の開花が遅く、3月末になっても咲かないのは十数年ぶりの異例の事態なのだという。どうして、今年に限ってそんなことに！

　日が暮れる頃に到着したのは、神保町の「チェッコリ」

だった。韓国の本を専門的にあつかう、小さくてあたたか
な雰囲気の本屋さんだ。簡単なリハーサルの後、公開前夜
祭、正確にいえば公開前々夜祭のイベントが始まった。聞
き手をつとめたのは、以前オンラインインタビューで話し
たことがある、桑畑優香さん。まだ映画を観ていない方々
と作品について話すのははじめてだから慎重に言葉を選ん
だ。これから映画を観る日本の方たちと会うのもはじめて
だったので、緊張もした。平日の夜にもかかわらず、名古
屋から来た方や仕事を終えてスーツ姿で参加している方も。
みんなに聞いてみたかったことは、ただひとつ。「ここに
来たのは、なぜですか?」。満席の会場に問いかけてみた
けれど、全員笑うだけだった。

　なぜ来たのか。その答えは、実はわたしもわかってる。
みんな『成功したオタク』を待ち望んでくれているのだ。
でも、時には期待に気づかないフリをしたくなる。期待を
かけてもらうと力が湧くし、うれしいけれど、負担になる
こともあるから。期待に応えられないかも、と心配になる
から。愛おしそうにわたしを見つめる視線が、映画を観た
ら変わってしまうのではないか。そう考えると、少し怖か
った。それでも、SNSでずっと見ていた日本の観客予備

軍の方たちが、現実の世界にも存在するのだと確認できた。
『成功したオタク』を楽しみにしてくれる人が、本当にい
るんだ！　すごい！

インタビュー・デー

　韓国にいるときに日本のメディアのオンラインインタビューをいくつか受けたが、東京でも対面取材の機会があった。ずっとパソコンの小さな画面で見ていたALFAZBETのオフィスを、はじめて訪れた。正直にいうと……わたしは『成功したオタク』ですごくたくさんのインタビューを受けた。数えたことはないけれど、大小のメディアとテレビを合わせて、おそらく60回以上。取材のオファーに感謝し、映画をもっと多くの人に知ってほしいという思いもあるが、疲れてしまうこともある。でも、異なる国で違う視点で質問されるのは新鮮だった。こんな見方をするのか、こんなところに興味をもつのかと、わくわくしながら答えた。

　イ・ミョンファさんがとても上手に通訳するあいだ、わたしは自分の思いが少しでも伝わるようにとずっとニコニコしつづけたせいか、取材がひとつ終わるたびに顔の筋肉

がヒクヒクした。そんなわたしを支えてくれたのが、配給会社の2大柱、石井さんと露無さんだった。ふたりは離れた場所に座って自分の仕事をこなしながらも、わたしがちょっと周りを見わたせば、すぐに察して必要なものを持ってきた。短い休憩時間には、日本に来ると必ずひと箱以上ぺろりと空けるチョコレートのアイス「pino」を出してくれた。プロらしい姿を見せたかったけど、ふたりの親切と心づかいに甘えて、インタビュー中は外国の映画監督の顔をしていたわたしは、休憩時間にはチョコレートのおやつをねだる小学生みたいになった。

4つのインタビューと写真撮影を終えた後、ひとりで代々木公園を散歩し、渋谷でショッピングを楽しんだ。石井さんと露無さんとディナーを食べるためにオフィスに戻った。そして、映画やドラマで何度も聞いたあのセリフをはじめて口にした。
「ただいま！」

ふたりは満面の笑顔で「おかえり」と答えた。夢に描いていたシーン。一緒に仕事をする仲間にこれほど大きな家族愛を感じたのは、はじめてだった。外国にいるにもかか

わらず、家に帰ったような気分になるなんて。英語、日本語、韓国語を混ぜて翻訳アプリの力も借りながら会話する夕食の時間も、不思議と心地よかった。そして、気づいたことがある。笑顔に通訳は要らない。わたしたちは笑い、うなずき、お互いの話に耳を傾けた。こうして公開前夜が過ぎていった。

日本で『成功したオタク』が
公開された日

　午前5時。ヤバい。眠れなかった。緊張しすぎかな。神保町での公開前夜祭で出会った方たちの顔が浮かんだ。「劇場で会いましょう」「映画を楽しみにしています」。こんな言葉をかけてくれた方たちは、『成功したオタク』を観てどう思うだろう。日本での公開初日のQ＆Aと舞台あいさつがある上映回のチケットは完売したという知らせを聞いて、複雑な気持ちになった。すごくうれしいけど……すごく怖い！　はじめて劇場公開をするわけでもないのに、胸がどきどきして、1晩中ずっとあれこれ考えていた。心を落ち着かせてもう一度寝よう。簡単じゃないけど。

　2、3時間、寝返りを打ちながらうとうとした後、胸にぷよぷよな文字で『성덕（成功したオタク）』とプリントされたTシャツを着て、ホテルの外に出た。わたしを待っていた石井さんと露無さんの後ろ姿がうれしかった。そしてふたりが振り返った瞬間、笑いがこぼれた。わたしと同じ

Tシャツを着ていたからだ。空気を読まずに違う服を着て
いたら、あやうく失礼になるところだった。「よく眠れま
したか」「緊張してませんか」と尋ねる石井さんと露無さ
んに、「眠れなかったし、緊張してます」と正直に答えた
ら、「Relax〜」と言ってくれたけど、実はふたりも少し
緊張しているようだった。わたしと同じくらい緊張するの
も当然かもしれない。20年近く映画業界で働いてきたふ
たりだが、配給会社ALFAZBETを設立してからまだ日が
浅く、なかでも『成功したオタク』は、はじめての自社買
付作品なのだ。

　東京の渋谷にあるイメージフォーラムに着くと、劇場の
入り口は映画を観るために朝からやってきた観客でにぎわ
っていた。映画を観に来た東京在住の友人ソンイさんが、
いつもと違って緊張しているわたしを見て、ウケていた。
笑いたくなる気持ちはよくわかる。ソンイさんの手をしっ
かり握って劇場に入り、『成功したオタク』を観た。何十
回も見ているけれど、日本語字幕がついていると、また違
う感じがした。気になったのは、観客がどのシーンに反応
するかということ。ずっと観客席に目を配り、耳をそばだ
てていたので、映画はただのバックグラウンド映像のよう

に思えた。週末の朝から満席の映画館でスクリーンに集中している人々の背中を見つめながら、日本で公開されたという実感が湧いてきた。

　上映後、約30分間のQ＆Aセッションがあった。わたしが緊張していたせいか、観客の方たちもためらいがちに手を挙げて、慎重に質問していた。みんなうなずきながら、笑顔でトークを聞いてくれて、ありがたかった。その後のサイン会の場所は、屋外だった。映画館の入り口でサイン会をするのは、わたしにとってもはじめてのことで、新鮮だった。通訳の方に「ありがとう」の文字を教えてもらい、お手本をマネして観客の方たちに「ありがとう」と書いて、いや、正確に言えば描いて、サインに添えた。日本語と格闘しているわたしに、観客の方々はいろいろな話をしてくれた。

「すごく観たかったんです」
「まるでのわたしの話のようでした」
「涙が出ました」
「必ずもう一度観に来ます」

そんななか、こんな質問をする方もいた。

「誰かのファンだった監督に、今はファンができました。どんな気持ちですか?」

　推しにサインをしてもらいたくて列車に乗って遠い街を訪れた中学生が、サインをする立場になるのは不思議なことだ。何度やっても、なかなか慣れない。でも、サインがほしいと思うほど、わたしやわたしの映画を大切にしてくれる方たちと近くで語らい、目を合わせるのができるのは、本当に美しいことだ。誰もができるわけではない、貴重な経験。だから、観客のひと言ひと言が愛おしく、もっと長く語り合えないのが残念だ。

　ひとつめのイベントが終わり、次のイベントまでの休憩時間に、石井さん、露無さんとわたしは初回の上映を観た観客の反応をSNSでチェックしてみた。幸いなことに、悪くない。リラックスしてランチを楽しむことができた。2回目の上映は、緊張が解けていたためか、舞台あいさつのQ&Aもくつろいだ雰囲気だった。なかでも、マイクを手に立ち上がるとすぐに、「サランヘヨ!」と韓国語で叫んだ観客の方が記憶に残っている。サイン会では、クロスステッチで刺繍をした手づくりのバッジをプレゼントし

てくれた方や、韓国語で書いた手紙をくれた方もいた。こんなにも歓迎され愛していただけたことが、感慨深かった。

　イメージフォーラムでの3回目の上映後の短い舞台あいさつを終えると、渋谷の書店、SPBSに移動した。この日のスケジュールの最後を飾る、トークイベント。会場に、映画館に今朝来ていた見覚えのある人がたくさん来ていたのが不思議だった。ときに笑い、ときに真剣に語り合い、充実した時間はあっという間に過ぎていく。会場にいたひとりは、サイン会のとき、わたしの前で涙を流した。「泣かないで」という日本語がわからず言えないまま、もらい泣きしそうになった。その涙の意味をわたしは知っている。長いプロセスを経て、その人とわたしが、いや、その人とこの映画が出会えたのは、本当に幸せだと思った。

　朝から夜まで、公開初日の長いスケジュールを成功裏に終え、沖縄風の居酒屋で映画関係者の方たちと打ち上げをした。最高だった。すばらしい1日のおかげで、みんなだんだんほろ酔い気分になり、笑い声があふれた。ひとつの映画で結ばれた、素敵な人たち。ただの客に過ぎないわたしが、ともに祝杯を交わすことができることに感謝した。

少しだけ誇らしかった。

　ふと、『成功したオタク』とともにした長い時間に飽き
を感じるようになってきていた自分を反省した。映画とは、
観客がはじめて見る瞬間に始まるものだ。だから作品は、
映画館に送り出した瞬間にわたしのものではなく観る人た
ちのものになり、わたしはそれ以上何もできない。だから
といって、わたしに飽きる資格があるのだろうか。誰かに
とっての新しい映画となる、すべての瞬間。自分の手を離
れた後の、どんなに感謝してもたりない時間。わたしにで
きるのは、映画を観た人の言葉に耳を傾け、対話すること
だけ。わたしが次の作品に取り組むあいだも、『成功した
オタク』は世界のどこかで、誰かに出会いつづけるだろう。
そして、誰かの人生の一部になるだろう。韓国でのプレミ
ア上映から2年半が経った今も、この映画が息づいている
ことを教えてくれた、日本の観客のみなさんに感謝してい
る。東京での日々は、単なる出張ではなく、留学のように
貴重な学びをもたらしてくれた。

　かなり酔いが回った石井さんと露無さんが、わたしを宿
泊先まで送ってくれた。ふたりはわたしに「You did it !」
と言ったけど、その言葉は間違っている。「We did it !」、

つまり「わたしたち」が一緒にやり遂げたのだから。すべてのイベントが良い形で終了したのは、つねにわたしを見守ってくれる頼もしい石井さんと、いつも細かい心配りを欠かさないあたたかい露無さんのおかげだ。ふたりが企画したプロモーションのスケジュールのおかげで、たくさんの観客と出会い、語らうことができた。忙しいイベントの後には、休息のときがやってくる。でも、終わりが来るのが嫌だった。素敵な出会いだっただけに、別れが悲しかったから。ALFAZBETのオフィスにもう行く必要がないというのも、悲しかった。「ペコパ？　マニ（お腹すいた？　すごく）」と韓国語で尋ねる露無さんの声をしばらく聞けないのも、悲しかった。そんなことを考えながらタクシーの車窓から流れる景色を眺めていると、夜の光に浮かぶ桜の花が見えた。「さくらだ！」と叫ぶと、石井さんが「Sakura is coming for you〜」と笑った。その笑い声ももう聞けないと思うと、悲しかった。別れの瞬間、石井さんが言った。「監督の次の映画をずっと楽しみにしています」と。「僕たちを忘れないで、悲しまないで。僕たちはこれからも連絡を取りつづけて、つながっていくのだから」と。石井さんの言葉のとおりだ。だから悲しむのをやめて、前を見なきゃ。

東京で過ごした3日間は、ずっと、おそらく永遠に心に残るだろう。こんなにも歓迎してもらい、愛情を与えてもらったことは、決して忘れられない。これからどこかで日本語を聞くたびに、わたしは日本で出会った観客たちを思い出すだろう。この個人的な映画を自分の話のように受け入れて、共感し、笑い、泣いてくれたたくさんの人たちの顔を。そして次の出会いのために、昨日よりも少しでも一生懸命に生きるために努力したい。わたしたちが再会したときには、過ぎた日の経験にため息をつくのではなく、幸せそうな姿を祝福できるように。誰もが、自分が望む「成功したオタク」になって、うれしい気持ちでまた会えることを心から願っている。

Lemon ☺

成功したオタクになることを
願っています！♡♡

オ・セヨン

訳者あとがき

　おそるべし、勇敢な人だ。それが著者のオ・セヨンに抱いた最初の印象だった。推し活の闇、しかも韓国芸能界を震撼させた大スキャンダルの闇に切り込むとは。そして疑問が湧いた。作品として世に出すことに、プレッシャーや恐怖を感じたことはなかったのだろうか、と。

　本書『成功したオタク日記』がベースとしているのは、著者が監督をつとめた映画『成功したオタク』だ。元K-POPスター、チョン・ジュニョンの大ファン。ファンミーティングに韓服を着て参加して注目を集め、推しに「有名なのは君も同じだよ」と言わしめた認知されたファン、つまり「成功したオタク」だった著者は、ある日突然「失敗したオタク」になった。推しの性加害という事件によって。2018年11月にソウル・江南にあるクラブ「バーニング・サン」で起きた客への暴行事件を警察が捜査する過程で発覚した、性的な接待や女性への性的暴行。それらを撮影した動画をアプリのグループチャットで共有した中心人物が、チョン・ジュニョンだった。チョン・ジュニョンは2019年3月に逮捕され、2020年5月に最高裁で懲役5年の実刑判決が確定。推しが、犯罪者になってしまったのだ。

　日本でも近年大きな問題となっている、芸能界における性加害やパワーハラスメント。だが、所属事務所の対応やメディアのあり方などさまざまな報道のなかで、意外と光を当てられることが

少ないのが、ファンたちの声だ。メディアにとっては、愛憎が渦巻くファンダムを取材することは炎上の可能性を伴い、慎重になりがちなテーマといえる。そんななか当時大学生だったオ・セヨンは、元ファンたちに、そしてファンだった自分自身に果敢にカメラを向けた。大学を休学して完成させた映画は、2021年に釜山国際映画祭でプレミア上映が発表されると、すぐにチケットが完売に。著者は、人気トーク番組『ユ・クイズ ON THE BLOCK』にゲスト出演するなど、デビュー作にして一躍時の人となった。日本では2024年3月30日に公開。SNSには、「身につまされた」「共感100%」「全オタクに観てほしい」といった感想があふれている。

　映画の日本公開時に来日した際の舞台あいさつやイベントでは、「推しの犯罪」という重いテーマのトークであるにもかかわらず、ユーモア交じりの語り口で何度も爆笑を誘って観客を魅了していたオ・セヨン。しかし、過去を赤裸々につづった本著を読めば、悲壮な気持ちで事件に向き合っていたことがわかる。例えば、ファンとして幸せだった日々から、一瞬にして奈落の底に突き落とされたときの震えるような絶望感（「オッパが終わった日」）や、推し活のグッズに抱く複雑な罪悪感（「グッズの葬式」）。例えば、素直に祝うことができなくなった元推しの誕生日につぶやいた「死なないで、死なないで生きて、すべて返して」という言葉（「0221」）。

本著はまた、「失敗したオタク」となった著者が、「成功したオタク」とは何かを模索する過程の記録でもある。特筆すべきは、スポーツソウルの記者、パク・ヒョシルとのインタビューだ（「本人も傷ついたことでしょう」）。チョン・ジュニョンが逮捕される３年前に性加害についてのスクープ記事を書き、ファンから非難を浴びたパク記者。2024年５月、イギリスBBCが事件の裏側について報じたドキュメンタリー『バーニング・サン：K-POPスターたちの秘密のチャットルームを暴露した女性たちの物語』で、ファンの攻撃の矢面に立ち「精神的に打ちのめされた」と当時の苦悩を明かした人物としても有名だ。著者は、当時記者を責めた当事者のひとりとして自らを省みることで、行き過ぎた愛ゆえに真実から目をそらしがちなファンダムを鋭く批判しているようにも思える。

　「〜にも思える」と書いたのは、著者は、誰かを糾弾したり、結論を強いたりというスタンスではないからだ。冒頭に書いた「芸能界と推し活の闇を作品として世に出すことに、プレッシャーや恐怖を感じたことはなかったか」という問いを直接尋ねたとき、著者はこう答えた。「おっしゃる通りプレッシャーも感じました。ファンの苦痛や芸能界とファンダムのネガティブな面を表現するのは、少し怖かったです。ただ、これは誰かを非難するためのものではありません」。そして、こう続けた。「これまで社会的少数

者だったファンの声でつくられる作品が、ひとつぐらいあっても良いのではないかと考えて、勇気を出して製作しました」。

　K-POPが世界を席巻している今、韓国のファンは推しの誕生日に寄付をするなど慈善活動でも知られ、そのファンダム文化は日本をはじめグローバルに広がっている。でも、韓国国内で推し活はローカルチャーと見なされ、「オタク」という言葉には悪口のような響きが伴うのが現実だ。オ・セヨンは「アイドルファンの大勢を占める若い女性たちは、無知で熱狂的な人たちと蔑まれている。だからこそ韓国のファンは、推しへの愛と自分たちの存在意義を示すために慈善活動をするのです」と語る。その意味で本著は、これまで「ファンダム」という大きなくくりでとらえられがちだったファンの一人ひとりが声を上げ、それをつないだ連帯の記録ともいえるだろう。

　翻訳協力の具美佳さんにお礼を申し上げる。

2024年初夏
桑畑優香

2024年7月11日　第1刷発行

著者

オ・セヨン

訳者

桑畑優香

発行者

徳留慶太郎

発行所

株式会社すばる舎

〒170-0013

東京都豊島区東池袋 3-9-7 東池袋織本ビル

TEL 03-3981-8651（代表）　03-3981-0767（営業部）

FAX 03-3981-8638

https://www.subarusya.jp/

印刷・製本所

中央精版印刷株式会社